Tarjei Vesaas

Der Keim

Vesaas schrieb ›Der Keim‹ 1940, einige Jahre vor seinen berühmten Romanen, und leitete nach einem naturalistischen Frühwerk damit die Phase symbolstarker, poetisch verknappter Prosa mit enormer psychologischer Intensität ein. Besonderen Reiz gewinnt das Buch durch sein Entstehungsjahr: 1940 befindet sich Norwegen unter nazideutscher Okkupation, der düstere Eindringling und die Reaktion der Gemeinschaft stehen unter politischen Vorzeichen.

»Vesaas' Prosa ist einzigartig. ›Der Keim‹ ein gewissermaßen vollendeter unvollkommener Roman.«

Peter Urban-Halle, Neue Zürcher Zeitung

»Nach der Lektüre von Tarjei Vesaas' feinem, klugem Roman möchte man allzu gerne wieder daran glauben, dass der Mensch zur Einsicht fähig ist.«

Bettina Baltschev, Deutschlandfunk Büchermarkt

Tarjei Vesaas (1897–1970) gilt als einer der bedeutendsten norwegischen Autoren des 20. Jahrhunderts. Er wurde mehrmals für den Nobelpreis nominiert. Für ›Das Eis-Schloss‹ erhielt er 1964 den Preis des Nordischen Rats.

Hinrich Schmidt-Henkel wurde für seine Übersetzungen vielfach ausgezeichnet. Für seine Übersetzung von ›Die Vögel‹ wurde er 2021 für den Preis der Leipziger Buchmesse nominiert.

Tarjei Vesaas

Der Keim

Roman

Aus dem Norwegischen
von Hinrich Schmidt-Henkel

Mit einem Nachwort
von Michael Kumpfmüller

dtv

Von Tarjei Vesaas ist bei dtv außerdem lieferbar:
Das Eis-Schloss
Die Vögel

MIX
Papier | Fördert gute Waldnutzung
FSC® C019821

2024 dtv Verlagsgesellschaft mbH & Co. KG, München
Lizenzausgabe mit Genehmigung des Guggolz Verlags

Die Originalausgabe erschien 1940 unter dem Titel ›Kimen‹
bei Gyldendal Norsk Forlag AS in Oslo, Norwegen.

Umschlaggestaltung: dtv nach einem Entwurf
von Mirko Merkel / © Guggolz Verlag
Umschlagillustration: Valeria Gordeew
Satz: C.H.Beck.Media.Solutions, Nördlingen
Satz nach einer Vorlage des Guggolz Verlags
Druck und Bindung: Druckerei C.H.Beck, Nördlingen
Printed in Germany · ISBN 978-3-423-14911-2

I

DER ABGRUND

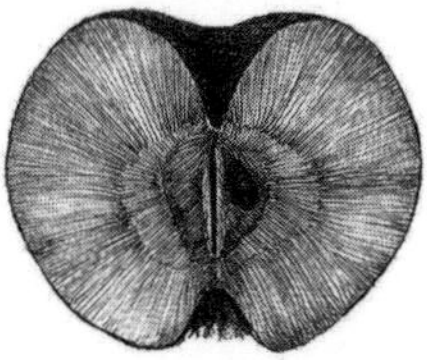

1

Die beiden Sauen lagen lang und schwer in den Koben. Grau von gestocktem Schlamm. Die Koben waren mit starken Bretterverschlägen unterteilt und lagen an der Seite der Scheune. Diese Koben unter freiem Himmel verband eine besudelte Türöffnung mit dem eigentlichen Schweinestall drinnen.

Die Sonne brannte in die Koben, und die Sauen grunzten leise, wie sie ausgestreckt am aufgewühlten Boden lagen. Ihr Grunzen war ein Laut, der von tiefem Frieden zu zeugen schien und von Einsamkeit. Doch sie waren durchaus nicht einsam, ihre Laute täuschten.

Es waren Muttersauen.

Beide hatten sie rund ein Dutzend gleichalter Ferkel zu versorgen – und jetzt lagen die Kleinen in einer glänzenden Reihe neben der auf der Seite ruhenden Sau, sie winselten und quiekten leise und sogen. Die Jungen hatten die Zitzen untereinander aufgeteilt, jedes hatte seine eigene, trotzdem gab es Streit, ab und zu stieg in kleinen Wellen Lärm auf. Die Mutter beachtete es keinmal, und der Koben beruhigte sich bald wieder zu sattem Grunzen und Schnauben, während zwölf kleine Hinterteile sich voller Lebenswonne ringelten. Mitten in den Wohllaut stach bisweilen ein kurzes, erbostes Quieken, weil die Milch nicht schnell genug in die Kehle rann. Dann wälzten sie ihre glatten Kinderleiber auf die Seite und schlummerten weg. Ab und zu blinzelten sie kurz aus blassblauen, unschuldigen Ferkelaugen.

So ging es auf beiden Seiten der Absperrung. Große Ruhe, unterbrochen von kurzem Aufruhr. Ein stechend saurer Gestank stieg von dem Ganzen empor, aber den nahm, wer hier wohnte, nicht mehr wahr.

Dennoch lauerte mitten in dieser schläfrigen Ruhe etwas Bedrohliches. Was man da sah, dem war nicht ganz zu trauen. Allzu glänzend standen lange Reißzähne aus den Schweineschnauzen hervor. Zähne, die aus der Schwarte ragten – unter der sich vorwölbenden, zu Falten geschobenen und verdunkelten Stirn.

Die Ferkelchen waren dagegen freundlich und rosafleischig, sie glänzten von Fett und kindlicher Anmut.

Da fuhr ein Ruck durch alle zusammen: Ein Laut kam von der anderen Seite des dichten Plankenzauns, von außerhalb der Schweinekoben. Ein in keiner Weise angenehmer Laut, der gleich wieder in sich erstarb. Erstickt, aus welchen Gründen auch immer.

Die Sau hob leicht den Kopf, so dass ihre Lefzen über die hässlichen Zähne rutschten. Sie lauschte, schien zu erwarten, dass noch mehr von jenseits der Absperrung käme. Das war aber nicht der Fall, und sie ließ sich wieder sinken.

Die Ferkel hatten es nur als ein unbewusstes Zucken des Specks wahrgenommen. Die Milch rann ihnen allzu süß in die Kehle und den Bauch. Das nahm sie ganz in Anspruch. Sie waren schön trocken jetzt in der Sonne, mit silberfeinem Flaum – und hatten jedes seine Zitze, die niemanden sonst was anging. Alles war genau so, wie es sich gehörte. Der gefährliche Laut drang nicht zu ihnen durch.

Die Sau, die hatte es gehört. Doch sie ließ sich wieder

sinken und bleckte nur den grausigen Zahn. Sie hatte gehört, dass ihr Mann seine Stimme erhob. Es sah nicht aus, als würde sie freundliche Gedanken für ihn hegen.

Da jenseits des Zauns lag der Eber, in einem extra verstärkten Koben. Ganz für sich. Lang ausgestreckt, mager und hässlich. In die hoffnungslose Ödnis gesperrt, für die er selbst gesorgt hatte. Den Untergrund hatte er so zertrampelt, dass kein Hälmchen mehr übrig war. Nur noch Schlamm und unfruchtbare Erde und schmutziggraue Steine.

Er bot dem Auge einen ausgesprochen wenig erfreulichen Anblick, mit seinem schlaffen Leib und all den wilden struppigen Borsten, und mit dem wüsten Zug im Gesicht. Er war alt und hatte zahllose Kinder gehabt. Zu Gesicht bekam er sie nie, hörte sie nur in den umliegenden Koben lärmen – in der kurzen Zeit, die sie dort lebten. Gleich nach ein paar Wochen kamen sie weg. Der Eber selbst blieb hier, immer hässlicher anzusehen.

Er stützte sich auf die Vorderpfoten, die Stirn missvergnügt gerunzelt. Das Leben war langweilig. Und die Luft allzu heiß.

Die Ohren hingen ihm bis übers Kinn, die Spitzen sogar noch etwas tiefer. Er sperrte sein kantiges Maul zu einem leeren, tonlosen Gähnen auf. Hörte von irgendwoher gedämpfte Ferkelgeräusche. Zu zehnt, zwölft, vierzehnt aufs Mal kamen sie zur Welt, er wusste es nicht, wusste es vielleicht doch irgendwie. Bekam sie nie zu sehen. Aber es waren offenbar viele. Er gähnte und vergaß, die Schnauze wieder zu schließen.

Drinnen im eigentlichen sommerheißen Schweinestall herrschten Aufregung und Lärm – im scharfen Gegensatz zu draußen. Die jüngste vollwüchsige Sau war dabei, *ihren* Haufen Ferkel zur Welt zu bringen.

Ein Mädchen saß dabei und schaute, dass alles seinen guten Gang ging. Aber sie starrte abwesend vor sich hin.

Zahllose Fliegen summten. Alle Öffnungen des Gebäudes standen weit auf. In der kräftigen Sonne war der Gestank aus den Koben noch aufdringlicher. Die Fliegen surrten faul, als wären sie bereit, jederzeit in einer dunklen Ecke einzuschlafen.

Das Mädchen war jung. Sie saß gekrümmt auf einem Hocker. Beugte sich vornüber, die anmutigen Mädchenarme in den Schoß gepresst. Sie war mit dem, was hier vor sich ging, wohlvertraut, alles lief, wie es sich gehörte, also machte etwas anderes sie so angespannt und gedankenschwer. Sie dachte: Ich bin nicht glücklich. Es müsste anders sein. Aber was eigentlich? Nein, das war irgendwie nicht ganz klar.

Der Schweinestall war Teil einer großen, rot gestrichenen Scheune. Sie gehörte zu einem Hof, der auf einer kleinen, grünen, fruchtbaren Insel lag, in einer Meeresbucht, die Schutz vor dem ruppigen Wetter weiter draußen bot. Etliche Höfe befanden sich auf der Insel. Zwischen Baumgrüppchen und Hügeln. Die Erde war aufgetrieben, weil sie so üppigen Ertrag brachte. Jetzt war es Anfang Herbst. Die Kornmahd war vollbracht. Andere Feldfrüchte reiften noch weiter.

Über der Insel lag ein Moment des Ausruhens. Einer von diesen halben freien Tagen, die es geben konnte, wenn Wachstum und Wetter danach waren. Eine Zeit zwischen der Feldarbeit – die viele nutzten, um Extraarbeiten zu erledigen, die aber ebenso viele gern ein bisschen vertrödelten. Sie fanden, das hätten sie verdient.

Die gemähten Wiesen waren immer noch grün, die Äcker leuchteten. Bald hieß es wieder arbeiten, bis der Schweiß troff. Vielleicht gleich morgen. Manche waren irgendwo weit draußen auf See und fischten. Kamen weder heute Abend zurück noch morgen. Die meisten hier lebten von der Erde, sie war freigebig und zuverlässig.

Doch heute herrschte Ruhe, fast sonntägliche Schläfrigkeit. So auch hier auf dem Hof mit der dunkelroten Scheune. Niemand zu sehen außer dem Mädchen im Schweinestall.

Die Sauen dösten. Wälzten sich so auf die Seite, dass das ganze Dutzend Ferkel seine Zitzen fand. Die Ferkel seufzten in ihrem rosigen Dasein. Der Eber auf der anderen Seite der Absperrung vergaß, nach dem letzten Gähnen die Schnauze zu schließen. Die jüngste Sau ferkelte. Das war alles.

2

Zur selben Zeit tuckerte ein Motor draußen auf dem Wasser, ein offenes Boot näherte sich der Insel. Es legte bei einem der Bootshäuser an und setzte einen Mann ab.

Der Mann zahlte für die Fahrt.

Die im Boot fragten, ob sie ihn abholen sollten, wenn er hier fertig wäre. Offenbar hatte er gut gezahlt.

– Hier fertig? Wieso?, fragte der Mann, er schrak irgendwie zusammen. Ich fahre nicht zurück.

– Ach so, sagten sie rasch. Aber zugleich fiel ihnen auf, dass er kein Reisegepäck dabeihatte. Das bemerkte er und sagte:

– Hier, der Zettel ist für meine Sachen drüben beim Anleger des Dampfschiffs. Ihr könnt hinfahren und mir heute Abend alles bringen. Wie ihr auf dem Zettel seht, heiße ich Andreas Vest.

– Ja, wird erledigt, sagten sie und tuckerten wieder davon. Sie schauten den Mann an, aber er hatte sich von ihnen abgewandt. War ganz damit beschäftigt, die Insel vor sich zu betrachten.

Er stand allein auf dem Anleger. Niemand erwartete ihn, niemand holte ihn ab. Er schien noch nie hier gewesen zu sein, sich aber hierher gesehnt zu haben: Er schaute sich neugierig um, durstig auf alles, was er sah, das Wachsen und Reifen überall, das die Luft schwer von Kräuterduft machte – die außerdem noch Seeluft war.

Eine milde Stimme schien tröstend zu sagen:

– Andreas …

Er lauschte darauf. Als hätte er genau das zu hören gehofft. Ein Schleier legte sich über seine scheuen Augen. Offenbar war das genau der Anblick, nach dem er gesucht hatte. Genau hier war es! Er musste so angreifbar und empfänglich sein, dass es ihn durch und durch erfüllte. Es war, als würde er gern zu jemandem sagen: Danke für den Anblick! Er sog den Kräuterduft ein, dann blickte er in die Weite, voller Liebe für das, was sich da vor ihm ausbreitete:

– Das ist mal eine grüne Insel …

Niemand hörte das. Keine lebende Seele in der Nähe. Das Tuckern des Motorbootes klang nur mehr gedämpft.

Immer noch stand er bei den Pfosten des Anlegers und den Steinen. Bereitete sich sozusagen auf die Freude vor, die es mit sich bringen würde, wenn er weiterging und all das Schöne und Lebendige aufnehmen würde. Er spürte eine solche Offenheit in sich, es zu erfassen und einzufangen.

Wie ein Jubel:

Hier bin ich noch nie gewesen!

Hier werde ich es endlich finden – wie es aussieht.

Schau, wie es daliegt …

Dann ging er los. Auf das Gras zu und alles, was da wuchs. Es fühlte sich weich an unter seinen Füßen, er ließ sich bei jedem Schritt viel Zeit, als wären seine Fußsohlen nackt und wund. Aber er ging nicht barfuß, er war ordentlich und anständig und zurückhaltend gekleidet.

Dieser Ort auf Erden hieß ihn sozusagen willkommen. Er rief ihn mit dieser leisen Stimme, die man eher spürte, als sie zu hören:

Andreas! Andreas!

Ja, antwortete er.

Deutlich hörte er diesen Ruf in sich. Er wurde von ihm beim Namen genannt, während er über den fruchtbaren Boden ging. Er fühlte sich erwartet – denn er sehnte sich nach allem, das hier lebte und wuchs und gedieh. Darum war es ganz richtig, dass er hierhergekommen war. Um an diesen himmlischen Gaben teilzuhaben.

Höfe und Häuser lagen vor ihm, große Bäume auf den Hofplätzen, Wiesen um die Gehöfte herum. Die Wiesen von dichten Laubhainen umgrenzt. Gärten und Obstbäume überall.

Hier kam der fremde Mann, Andreas Vest, auf seiner atemlosen Suche nach einem Ort, der Heilung für ihn bereithielte. Er war ein junger Mann, gesund und stark und schön anzusehen, aber in ihm brannte und nagte eine Unruhe, Folge von hässlichen Erinnerungen an Dinge, die er hatte erleben müssen. Dinge, die er loswerden wollte, was ihm aber nicht gelang. Sie hatten ihre Spuren in seinen Zügen hinterlassen. Ebenso wie das ruhelose Umherziehen und Suchen und die Enttäuschungen ihre Spuren dort hinterlassen hatten.

Enttäuschungen hatte er erlebt, eine nach der anderen. Wohin er auch gekommen war, war er auf Dinge gestoßen, die ihm wehtaten und ihn wieder fortjagten. Etwas Angespanntes in seinem Blick erzählte, dass er nahe daran war aufzugeben. Doch dann kam wieder dieser Ruf, meinte er, von neuen, unbekannten Orten, an denen vielleicht zu finden war, was er suchte:

Andreas – komm.

Ja!, antwortete er, ergriffen, und wendete sich sofort dorthin und fand keine Ruhe, bis er dem verhaltenen Ruf folgen konnte.

Wonach suchte er?

Nach Stille. Frieden. Und nach *Grün.* Ein nicht zu bändigender Drang war über ihn gekommen, Dinge wachsen, sich nach ihrem eigenen Plan entfalten und vollenden zu sehen. Der Drang, sich dem zu *nähern*, was für jedes einzelne lebende Ding Vollendung bedeutete.

Davon war er seit einiger Zeit wie besessen. Nachdem er lebendigen Leibes davongekommen war, als die große Fabrik in die Luft ging. Dort hatte er im Büro gearbeitet. Viele Menschen hatten in dieser Fabrik gearbeitet, sie waren mit gefährlichen Substanzen umgegangen. Dann eines Tages explodierte sie. Die Erinnerung daran war unauslöschlich. Der Einsturz. Die Brandnester. Tod. Vernichtung. Bis auf den Grund verbrannt und verrußt. – Viele von denen, die lebend davongekommen waren, hatten heile Nerven bewahrt, er nicht. Er war versehrt, ohne äußere Anzeichen, erfüllt von dieser rastlosen Suche nach Dingen, die er nie fand. Nach diesem Frieden, einem für ihn bestimmten, in dem sich alles vollenden konnte. Und damit hing dieser schlichte Durst nach grünen, guten Feldern zusammen. Danach, zu finden, was an Frucht und gesegnetem Reifen überreich war.

Es trieb ihn von Ort zu Ort. Er hatte noch nicht gefunden, was er zu suchen meinte. Seine Unruhe war ungestillt. Er war immer noch gleich erschüttert und verletzlich durch alles, dem er begegnete.

Von Ort zu Ort.

Jetzt war er hierhergekommen. Und hier war es also, meinte er, und er ging los. Er spürte es mit ganzer Seele: Schau, hier ist es wahrscheinlich. Hier werde ich endlich Heilung finden.

Dann stach ihn etwas und flüsterte: Du hast das schon

so oft geglaubt. An jedem neuen Ort hast du es geglaubt. Und dann hat sich ebenso sicher jedes Mal gezeigt, dass du in die Irre gegangen warst. Nichts gefunden hattest.

Ja, ja, aber irgendwo muss ich es finden. Und jetzt scheint es so weit zu sein, so, wie ich die Anziehung spüre.

Es sagte:

Du wirst es niemals finden. Das gibt es nirgends.

Aber darauf hörte er nicht. Er dachte: Weiche von mir, das ist nicht wahr! Das ist eine Stimme von all dem Schlimmen. *Dort* war es so. *Dort* glaubten wir so etwas. Dem war nicht zu entkommen. Aber jetzt, hinterher glauben wir etwas anderes. Wir glauben, dass es das Paradies geben muss.

Horch, wie es hier ein stilles Willkommen ruft:

Andreas …

Hier werde ich Frieden finden.

Frieden? Du bist so überspannt, dass du überhaupt nichts mehr aushältst. Erschöpft. Erledigt.

Ja, darum wird es so wohltuend sein, Frieden zu finden.

Er ging die sachte Steigung vom Ufer in Richtung der Höfe zwischen den Hainen hinauf. Ringsum wucherte überall still und warm das Grün.

Er kam zu einer Kurve des Sträßchens, und dort saßen zwei Männer im Schatten und stillten ihren Durst. Sie schauten etwas verlegen, dass jemand Zeuge ihres Müßiggangs an einem Werktag war. Ganz offenbar waren sie kräftige Arbeiter, die ein schlechtes Gewissen bekamen, sobald sie nicht mehr schufteten. Und jetzt hatten sie überdies ein bisschen Bier getrunken.

Da sagte der eine:

– Muss man sich nichts draus machen.

Sie sahen, dass das ein Wildfremder war.

Derselbe sagte:

– Wir müssen ja auch nicht mitten auf der Straße sitzen.

Sie schauten den Fremden unverwandt und arglos an und fragten ihn einfach so, wohin er denn wolle?

– Nirgendwohin, antwortete er, scheu und hilflos.

Sie schauten ihn lachend an, fröhliche, neckende Augen in den wettergegerbten Gesichtern.

– Das passt, du bist ja auch nirgendwo gelandet, sagten sie. Das hier ist eine Insel. Da musst du wohl hierbleiben.

– Wenn du zur Kirche willst, die ist auf der anderen Insel da hinten, scherzten sie.

– Und Sonntag ist heute auch nicht, sagten sie.

– Wenn wir den Pfarrer brauchen, müssen wir zur Nachbarinsel, so ist das, sagten sie.

– Setz dich doch, sagten sie.

– Nein danke, ich will …

Er mochte nicht mehr in ihre bierseligen Gesichter blicken. Ging los.

Sie waren etwas gekränkt.

– Wir heißen Haug und Dal, sagten sie. Aber wir haben dich gar nicht gefragt, wie du heißt.

Dann nickten sie ihm gutherzig zu und tranken einen Schluck von dem Bier, an das sie dies seltene Mal gelangt waren.

Andreas Vest ging einfach weiter hoch. Oben auf einem Hügel lag eine wuchtige dunkelrote Scheune. Er ging auf diesen Hof zu. Aufs Geratewohl. Er hatte nirgends etwas zu schaffen. Ihn rief nur etwas durch die neue Schönheit, die er sah.

3

Der Hof mit der großen Scheune hieß Li. Dieser Hof hatte nicht nur die größte Scheune, sondern auch den größten Obstgarten der Insel. Die Wohnhäuser hingegen waren alt und klein, aber gut in Stand gehalten. Zwei solche kleinen Wohnhäuser. Der Hausherr dort, Karl Li, hatte diese gewaltige Scheune gebaut, mehr hatte er dann nicht mehr geschafft. Hatte sich mit den anderen Häusern begnügen müssen, wie sie von alters her waren, mochten sie auch eng sein. Auch den üppigen Garten hatte er angepflanzt, der den größten Teil der Lebensgrundlage lieferte.

Mari Li, seine Frau, er selbst und ihre beiden Kinder bestellten diesen Garten. Die übrige Landwirtschaft mit Äckern und Wiesen und Vieh wurde von anderen Leuten betrieben. Es wohnten also zwei Parteien auf Li. Eine in jedem Haus. Die den Hof schon so lange betrieben hatten, dass sie jetzt hierhergehörten, waren ein Paar mit Namen Jens und Bergit. Ihre Tochter Helga hielt gerade bei der Sau in der Scheune Wache. Sie hatten nur diese Tochter, in der Erntezeit mussten sie einen Lohnknecht bestellen.

Karl war auf dem Hof zur Welt gekommen und hatte ihn übernommen, als sein Vater starb. Da war Karl Li noch jung. Aber vorher war er zur Schule gegangen und hatte so manches gelernt. Sein Vater hatte sich das knapp leisten können und wollte ihm nicht im Wege stehen, sondern arbeitete hart und beschaffte das Geld, und Karl hatte einen guten Kopf, so hatte er ein paar Jahre in der Stadt gelebt und studiert.

Aber damit war es dann vorbei. Der Vater starb, Karl übernahm Li – gemeinsam mit seiner Mutter. Er hatte dann doch mehr Lust, auf der grünen Insel zu leben, wo er zur Welt gekommen war.

Als er von den Büchern nach Hause kam, tat er drei Dinge mehr oder weniger zur selben Zeit: ein Mädchen von der Insel heiraten, ein großes Wiesenstück zu einem Obstgarten umwandeln, und er baute eine Scheune, viel größer, als man sie auf diesem Hof benötigt hätte. Das größte Bauwerk der Insel.

Es war der Plan, nach der Scheune ein entsprechend großes Wohnhaus zu errichten. Zu der Zeit war es so leicht, Dinge anzugehen, Karl war voller Übermut, so sehr spürte er seine Kräfte. Seine Mutter sagte, er sei dumm, mit dieser ganzen Bauerei würde er sich übernehmen. Aber sie lobte die Tatkraft, mit der er den großen Obstgarten anlegte. Die Leute auf der Insel sagten, so gehe es eben, wenn einer aus den Büchern kommt und auf einmal einen Hof betreiben will.

Die Scheune wurde vollendet und dunkelrot gestrichen, ein schmucker Anblick auf dem sattgrünen Hügel. Aber sie war so teuer gekommen, dass die anderen Baupläne sich selbst erledigten. Außerdem kamen Kinder. Ein Sohn, Rolv, und eine Tochter, Inga. Es war mühsam genug, alles am Laufen zu halten, ohne überdies noch zu bauen. Und so stand die prächtige Scheune allein dort, Zeugin einer Kraftanstrengung, die der Hofeigner als junger Mann vollbracht hatte. »Die Scheune auf Li. So groß wie die Scheune auf Li.« Allerlei solche Wendungen gingen unter den Leuten auf der Insel um. Auf der anderen Seite konnten sie nicht anders, als Karl Li zu bewundern. Er hatte so was an sich.

Seine Frau Mari und er kamen recht gut miteinander aus. Das ging auch nicht anders, allein um der Arbeit willen, wegen all der ineinander greifenden Dinge, die sie zu tun hatten.

Karls Mutter war gestorben, bevor der große Obstgarten ausgewachsen war, aber den ersten guten Ertrag hatte sie noch miterleben können. Sie hatte gesagt:

– Der Garten wird das mit der Scheune für dich ausgleichen.

Als die Bäume dann so groß waren, dass sie richtig Frucht trugen, brachte der Garten viel Arbeit mit sich, sie erkannten, dass sie am besten Obstbau und den übrigen Hof voneinander trennten. Also verpachteten sie die restliche Wirtschaft und kümmerten sich nur noch um die Fruchtbäume. Dieser Garten lag ihnen besonders am Herzen, er war ihr eigenes Werk. Der übrige Hof war ererbt, sie hatten nichts dafür getan, ihn aufzubauen.

Das Obst aus Li wurde ein Begriff auf den Märkten, die Familie stand sich deutlich besser als zuvor. Und Jens und Bergit, die Pächter des Hofes, kamen ihrerseits auch gut zurecht. Li verfügte über gute Böden. Harte Arbeit und Sicherheit prägten das Leben auf dem Hof.

Rolv war das ältere der beiden Kinder von Mari und Karl Li, und als er siebzehn war, stand er auf einmal vor Karl und fragte, ob er nicht zur Schule gehen könne? So stand er vor seinem Vater.

– Zur Schule gehen? Was willst du damit?

– Ihnen was beibringen!, lachte Rolv kämpferisch. Ich will es so machen wie du.

Er schaute den Vater trotzig an.

Dem versetzte es einen kleinen Hieb, das zu hören. Er erinnerte sich an all die endlosen Bücherregale. Bücher hatte er auch jetzt hier auf Li. Ungewöhnlich viele Bücher, in denen er las, wenn dazu Zeit war. Auch den anderen in der Familie hatte er die Liebe zu Büchern weitergegeben, sie alle lasen gern. Jetzt stand Rolv hier und begehrte auf.

Sein Vater fragte:

– Ihnen was beibringen? Wem denn?

– Na jaaa …, sagte Rolv nur unbestimmt.

– Geht es dir nicht gut? Mindestens so gut wie in einem möblierten Zimmer. Damit kenne ich mich aus. Und du hast auch keine Angst davor, ordentlich anzupacken, das habe ich gesehen.

Rolv arbeitete im Garten, dass es eine Lust war.

– Ich glaube, das Leben hier in unserem Garten wird dir mindestens genauso viel bringen, Rolv. Und vieles, das du woanders gar nicht finden kannst.

– Ich will ja zurückkommen und im Garten arbeiten!, sagte Rolv nur.

– Du willst Zeit vertrödeln, wie ich meinerzeit?

– Ja, genau was du getan, das will ich, sagte Rolv störrisch.

– Dann werden die schon sehen!, fügte er hinzu, als sein Vater nicht antwortete. – Alle, die uns hier verspotten!

Karl Li hörte das mit Erschrecken. Dass Rolv die alte Geschichte mit dem abgebrochenen Studium schmerzte und er es den Nachbarn jetzt zeigen wollte, indem er dasselbe tat.

– Das brauchst du dir nicht zu Herzen zu nehmen, Rolv, sagte er, wir werden nicht verachtet.

Rolv antwortete nicht. Sein Vater sprach weiter:

– Wir haben es nicht nötig, uns zu wehren, herzlichen Dank, aber das habe ich schon selbst geschafft.

– Du kannst gar nicht wissen, sagte Rolv, was mir das bedeuten würde. Die haben uns verlacht!

– Aber *so* empfindlich sind wir nicht, antwortete sein Vater. – Wenn du es bist, dann gewöhn es dir ab.

Rolv schaute ihn erschrocken an:

– Willst du es mir verbieten?

Sein Vater antwortete nicht. Rolv war empfindlich und jähzornig, das wusste er. Aber er hätte nie gedacht, dass diese alte Wunde wegen des Studiums und der Scheune an ihm nagte. Nun konnte er auch nicht wissen, was im Kopf von diesem verschlossenen Jungen vorging. Er war zu Rolv nie so ganz durchgedrungen. Das gab es wohl selten zwischen Vater und Sohn, sie behielten beiderseits Dinge für sich und mochten sich nicht ausliefern. Er war mit Rolv einfach gut ausgekommen, sie hatten sich immer verstanden. Die Arbeit in dem großen Obstgarten hatte sie miteinander verbunden. Der Stolz auf den Garten, die Dankbarkeit dafür, dass es ihn gab. Rolv und Inga hatten mitgearbeitet, seit sie groß genug waren, dass sie sich nützlich machen konnten. Inga war für Rolv der beste Freund. Und auch der einzige. Er gab sich nicht viel mit den anderen Jungs auf der Insel ab. War vielleicht die übertrieben große Scheune der Grund für diese Absonderung? Es war ihm bislang nie in den Sinn gekommen, dass Rolv so empfindlich für die Neckereien der Nachbarn sein könnte – umso weniger, als der Hof Li wirklich gut dastand.

Er selbst, Karl Li, fühlte sich durchaus nicht wie ein gescheiterter Mann. Der Garten hatte ihm allgemeine Hochachtung gebracht.

Doch da stand jetzt also Rolv. Trotz allem. Wollte fort.

Allein schon der Gedanke, seine Mithilfe bei der Arbeit missen zu müssen, war nicht schön.

– Willst du es mir verbieten?, fragte Rolv noch einmal.

– Ich verstehe das nicht ganz.

– Aber ich sage doch, ich komme zurück.

– Ich fürchte nur, dass du das vielleicht doch nicht tust, sagte sein Vater. Wenn du erst mal weg bist, dann ...

– Ich *will* den Garten ja irgendwann übernehmen, aber erst mal muss ich das tun.

– Zeitverschwendung, wandte sein Vater ein, unbedacht.

Rolv entgegnete rasch:

– Hast du es Zeitverschwendung gefunden zu lernen?

– Nein.

Nein, er war jeden Tag neu froh gewesen, dies oder jenes zu lesen. Das hatte ihm als Unterstützung gedient in Dingen, bei denen er nie damit gerechnet hätte.

– Nein, habe ich nicht, sagte er noch einmal, weil er spürte, wie Dankbarkeit in ihm aufstieg.

Rolv wartete immer noch auf Antwort.

– Lass uns das noch etwas bedenken, ich werde dir bald antworten. Hast du Mutter was davon gesagt?

– Noch nicht.

– Lass mich zuerst mit ihr reden, sagte der Vater.

Und das tat er. Berichtete, was an Rolv nagte.

– Na, du weißt ja, wie Rolv gemacht ist, sagte sie nur.

– Wie denn? Ich weiß so wenig.

– Wir wissen, dass er sich vieles zu Herzen nimmt.

– Hält er sich darum so von den anderen fern? Anders als Inga.

– Nein, ich weiß nicht, ja, wird schon so sein. Ach, diese dumme Scheune da, Karl.

– Hasst *du* sie etwa auch?

– Na ja, manchmal vielleicht …

– Mir tut es nicht leid, dass ich sie gebaut habe, sagte der Mann.

– Auch nicht, wenn deine Kinder darunter zu leiden haben?

– Das kann nicht sein, das bildet sich Rolv nur ein.

– Ja, es ist so seltsam, sagte die Mutter plötzlich, keiner von den beiden erzählt mir mehr was, jetzt, wo sie allmählich erwachsen werden. Sie verkriechen sich in sich selbst, so lange es nicht um die Arbeit geht oder so was.

– Ja, so ist es wohl.

– Das hätte ich nicht gedacht, sagte seine Frau bekümmert, dass es mal so kommt.

– Und jetzt geht Rolv weg. Das müssen wir ihm wohl erlauben.

– Ja, aber er kommt doch wieder, sagte die Mutter ängstlich.

Sie arbeiteten im Obstgarten. Rolv wartete auf Antwort. Es war Inga anzusehen, dass sie genauso wartete. Sie war von ihrem Bruder in sämtliche Pläne eingeweiht, dessen waren sie gewiss. Sie sahen es etwas neidvoll.

– Wir müssen wohl schauen, wie wir das schaffen, Rolv, wenn du meinst, dass es sein muss.

– Ja danke, sagte Rolv.

Rolv verließ also die Insel. Inga weinte, als es so weit war. Rolv kam nur noch in den Schulferien heim, und Karl Li musste als Ersatz einen Knecht anstellen.

Den Sommer über war Rolv daheim, wenn all das Obst im Garten reifte. Er packte gern mit an und half Jens ebenso gern auf dem Acker, wenn bei den Obstbäumen nichts zu tun war. Seine Eltern hofften bloß, dass er bald für immer heimkäme.

Sie wussten auch, dass er sich jüngst mit einem Mädchen von der Insel zusammengetan hatte. Else hieß sie. Noch etwas, das ihn an die Insel band, hofften sie.

Mittlerweile war Rolv zwanzig.

Inga war siebzehn. Was aus ihr werden sollte, stand noch nicht fest. Aber das konnte nicht mehr lange warten. Wie es aussah, wollte sie am liebsten auch weiter in diesem Garten arbeiten.

Mit Vorliebe sammelte sie alle Arten Pflanzen auf den Wiesen und in abgelegenen Winkeln der Insel. Dort begegneten ihr natürlich Leute – und begegneten ihr gern. Sie hatte ein paar Freundinnen, etwas älter als sie selbst. Jetzt, da Rolv weg war, war sie weniger fröhlich als zuvor.

Karl Li hatte Jens früh am Tage gefragt, ob er mit im Boot über den Fjord zu der kleinen Stadt drüben kommen wollte. Zum Abendessen wären sie wieder da. Er hatte dort eine kleine Besorgung zu machen.

– Nein, hatte Jens geantwortet, unsere Jungsau ferkelt heute, da ist es besser, ich bin zu Haus, falls was ist.

– Dann fahre ich allein, sagte Karl Li.

Jens war immerzu mit der Schweinezucht beschäftigt, und an dem einen Ende war die Scheune auf Li immer von Gequieke und Gelärme erfüllt. Dagegen konnte niemand was haben, so gehörte sich das auf einem Hof.

Karl Li fuhr allein. Keiner der Seinen hatte Lust, mitzukommen. Dieser Ausflug war so oft fällig, er war ohne Reiz. Mari Li sagte, sie könnten etwas später zu Abend essen, dann könnte er noch rechtzeitig wieder da sein. Hausfraulich zugewandt und fürsorglich sagte sie das.

4

Obwohl es ein Werktag war, hatten die Leute heute also etwas Zeit. Das gab es selten mal zwischen zwei Ernten. Die Alten konnten ihre verbrauchten Leiber ein wenig ausruhen. Und in den Wäldchen gab es die Gelegenheit für Begegnungen zwischen jungen Leuten, die sich unbedingt treffen mussten.

Gerade kamen zwei davon an einer Stelle aus dem Gebüsch, wo die Straße über die Insel durch den Wald führte. Es waren Else und Rolv. Beide wirkten gedankenversunken. Etwas niedergeschlagen. Sie setzten sich auf den Boden. Rolv legte sich auf den Rücken. Else nahm neben ihm Platz. Dann drehte sie sich zu ihm um, stützte sich auf den Ellbogen und streichelte Rolvs Arm, sie sagte zögernd:

– Lieber Rolv.

Er tat so, als hätte er es nicht gehört.

– Lieber Rolv, sagte sie noch einmal. Dann drehte sie sich um und saß da, still und etwas gekränkt. Sollte er halt da liegen …

Er bemerkte es schnell, berührte sie und sprach sie leise an:

– Was ist denn, Else?

– Ich bin so glücklich, sagte sie.

Rolv schwieg wieder. Er empfand nicht so wie sie in diesem Augenblick. Nicht alles war gut und leicht. Gar nicht einfach, da glücklich zu sein.

Else fragte:

– Und du?

– Wie, ich?

– Na, bist du glücklich?

– Warum fragst du das ausgerechnet so?

Else antwortete: – Na gut, dann frage ich nicht. Aber *ich* bin so glücklich. Da denke ich eben, du auch, nicht wahr.

Er versuchte zu lächeln:

– Wie gewiss du das sagst.

Sie blickte ihn verunsichert an.

– Ich sage das so gewiss, wie ich kann.

Er schaute ratlos vor sich hin. Richtete sich auf und sagte wie als Vorwand:

– Ich glaube, da kommt wer, ich habe Schritte gehört.

– Nein, da kommt niemand. Du siehst so erschrocken aus.

– Wir sitzen ja so gut wie mitten auf der Straße, sagte Rolv.

– Und wenn wer kommt, was macht das?, sagte sie nach einer kurzen Pause. – Wir können ja wohl beieinander sitzen, so viel wir wollen?

– Ja …, sagte er.

All die Zweifel, die in der letzten Zeit an ihr nagten, brachten sie fast außer sich. Sie forschte in seinem Gesicht nach einem Zeichen.

– Ist es denn nicht gewiss?, fragte sie. Ist es nicht ernst mit uns?

Er zog sie an sich und sagte, indem er ihr direkt in die Augen schaute:

– *Ist* es ernst, Else?

Als ob er sie bitten würde, nachzuschauen. Und angesichts dessen, was sie zu sehen meinte, leuchtete sie auf.

– Ja, sagte sie. Aber was ist dann noch im Weg?, fragte sie verwundert.

– Dass wir nicht wissen können, wie lange es geht, antwortete Rolv.

– Na klar! Denk dran, was du gesagt hast, was du sagtest …

Er unterbrach sie:

– Ja, was man so sagt in so einem Moment. Da platzt man mit irgendwas heraus.

Sie sah ihn getroffen an.

– Jetzt verstehe ich dich nicht. Also, ich verstehe dich schon auch, aber nicht ganz. Bereust du es etwa, Rolv?

– Nein, woher. Aber es ist so unglaublich schwierig, etwas für alle Zeit zu versprechen.

– Warum hast du dann so ein schlechtes Gewissen?, fragte Else.

– Ein schlechtes Gewissen?

– Ja. Wer weiß, was da in der Stadt passiert ist?

Da lachte er wie von etwas befreit. Hatte wieder sicheren Boden unter den Füßen.

– Nichts!, sagte er, – das musst du mir glauben.

– Lieber Rolv, ich will ja auch glauben. Es ist so gut, wenn du zu Haus bist.

Es klang so wahr und richtig, wenn sie das sagte, das tat ihm gut. Gut, wenn du zu Haus bist. Aber zu Haus war er eben nur in den Ferien.

Er küsste sie und sagte, noch ein paar Tage, dann geht die Paukerei wieder los.

– Fahr nicht!, sagte sie.

– Ich soll nicht fahren? Muss ich aber.

– Nein, hör doch einfach auf, wenn es dir keine Freude mehr macht, und ich kann doch sehen, es macht dir keine mehr.

– Da sprichst du von etwas, wovon du nichts verstehst.

– Du hast gesagt, du wirst irgendwann wieder heimkommen. Daheim sein und den Garten auf Li betreiben.

– Aber *noch* will ich nicht!, schnappte er. Sei still. Erst will ich noch mehr lernen, dann komme ich heim.

Sie ging los.

– Wo willst du hin, Else?

– Ich muss heim, mit dem Essen helfen – außerdem *will* ich auch heim.

– Dann warte, ich bringe dich. Du musst das nicht falsch verstehen, Else.

– Ich verstehe gar nichts mehr, sagte sie ratlos, – bei dir ist alles ganz plötzlich mal so, mal so, man weiß überhaupt nicht, woran man ist.

Er umarmte sie und sagte: – Jetzt sei doch still.

Diesmal wollte sie sich nicht zufrieden geben, bevor sie ein liebes Wort von ihm hörte:

– Du bist so hü und hott. Das sagt deine Schwester auch. Da kann man ganz wirr von werden.

– Was Inga sagt, kann ja egal sein, sagte er verärgert, lass meine Schwester aus dem Spiel.

Er ließ Else los.

– Die kennt dich ja wohl gut genug, sagte Else noch, mit dir ist irgendwie nicht leicht auszukommen.

– Du brauchst ja nicht …

– *Jetzt* kommt wer, unterbrach Else ihn. Der Kies auf der Straße knirschte, und sie schraken zusammen, weil sie stritten. Sie waren schuldbewusst, weil sie etwas zu verspielen drohten.

Ein fremder Mann kam herauf, direkt auf die Stelle zu, wo sie saßen.

Auf der Insel lebten so wenige Menschen, dass sie sofort erkannten, wenn jemand nicht hierhergehörte. Es war ein hoch gewachsener Mann in leichter, guter Sommerkleidung. Er kam rasch näher, sie waren gleich von seinem Gesicht gefangen. Schöne Gesichtszüge, die etwas Erschrockenes und Suchendes an sich hatten. Und wie er sich umsah: durstig auf alles, erwartungsvoll.

Schon hatte er sie erreicht.

Sie wussten sehr gut, sie sollten nicht so starren, aber sie setzten sich darüber hinweg. Der Mann verlangsamte den Schritt, schaute sie an, schien etwas sagen zu wollen, schwieg dann aber.

Sie konnten sich nicht erinnern, je solche Augen gesehen zu haben wie die des Unbekannten. Scheu, aber nicht ausweichend. Im Gegenteil, sie wollten etwas finden, wollten teilnehmen. Etwas finden, das sie bislang nicht kannten.

Es hatte eine eigene Wirkung, vor diesen Augen zu stehen. Auch etwas Zerbrechliches war in ihnen.

Er war ein gutes Stück älter als die Zwanzigjährigen, denen er hier begegnete. Er bewirkte, dass sie sich wegen irgendetwas unwohl fühlten, sie wussten gar nicht, warum. Das Ganze dauert nur wenige Sekunden. Er blieb nicht stehen, um mit ihnen zu reden oder irgendetwas zu fragen. Sein Blick glitt wieder von ihnen weg und richtete sich auf die Landschaft voraus. Schon sahen sie seinen Rücken. Er folgte weiter dem Sträßchen.

Sie waren verwirrt. Aber ganz deutlich hatten sie etwas in seiner Miene gesehen, das zu bitten schien: Helft mir.

Wobei?

Das war unmöglich zu wissen. Sie hatten seine wortlose Bitte wahrnehmen können, aber nichts Genaueres.

Else fragte: – Was war das für einer?

Rolv schüttelte den Kopf.

– Der kommt sicher von weit her. Ich glaube sogar, aus dem Ausland, hat mir ganz so gewirkt.

– Ja stimmt, das ist möglich. Du, Rolv, ich hab fast Angst gekriegt.

– Angst? Wovor denn?

– Er war so seltsam.

Sie wirkte ratlos wie jemand, der sich verlaufen hat.

– Komm, wir gehen.

Sie gingen in dieselbe Richtung wie der Fremde. Er hatte etwas Anziehendes an sich gehabt, sie wehrten sich nicht dagegen.

Ganz selbstverständlich schlugen sie denselben Weg ein, sie dachten nicht weiter darüber nach. Er war längst hinter der nächsten Biegung verschwunden.

5

In einem Wäldchen saßen zwei ältere Männer. Sie hießen Haug und Dal und hatten ihr ganzes Leben auf der Insel verbracht. Hatten hier ihre ganze Lebzeit gearbeitet. Sie saßen im Schatten am Wegesrand. Etwas sehr Seltenes war passiert: Sie hatten sich Bier beschafft und ein bisschen zu viel davon getrunken. Gestern hatten sie hart gearbeitet. Und morgen würden sie wieder anpacken müssen. Heute hatten sie frei nehmen können. Sie waren ganz beglückt, dass der Herrgott ihnen mitten in der Woche einen freien Tag beschert hatte. Die trügerische Freude über das Bier hatte sich über die merkwürdig benommene Empfindung gelegt, die ein solcher unvermittelter Müßiggang in einem verspannten Arbeiterkörper bewirkt. Sie fühlten sich leicht und frei, dachten sie. So, wie der Mensch doch wahrscheinlich manchmal sein sollte.

Sie schauten sich um. Blickten über ihre Insel. In ihnen stieg eine Mischung von Freude und Wehmut auf.

Haug erhob seine Bierflasche:

– Ein Skål auf unsere Insel.

Dal antwortete:

– Skål. Ja, das ist eine gute Insel.

Dann bemerkten sie, dass kein Bier mehr in den Flaschen war, in keiner von beiden. Sie hatten leere Buddeln erhoben. Das Bier war alle, sie lachten etwas verlegen über ihr kindisches Benehmen.

Haug schleuderte die Flasche weg.

Dal sagte entschuldigend:

– Na ja …

– Das Bier ist dann ja wohl alle, sagte Haug.

Das empfanden sie als traurig, sie ließen die Köpfe hängen. Doch dann trat aus ihren vernebelten Gedanken etwas klarer hervor: ihre Insel. Eine gute Insel hatten sie. Da lag sie vor ihnen hingebreitet. Alle Erinnerungen der beiden Männer hingen mit ihr und mit dem nahen Fahrwasser zusammen. Sie waren Feldarbeiter und fuhren dann und wann zum Fischen raus.

Dal sagte:

– Eine gute Insel ist das, auch wenn die Buddel leer ist.

– Ja.

– Also können wir ihr auch zuprosten.

– Ja, können wir.

Arbeitshände hatten sie, die lagen groß und tot zu ihren Seiten. Die grüne Insel lag in solchen Händen. Händen, die niemals ermüden oder sich jedenfalls nur an manchen trägen Sonntagsstunden zur Ruhe begeben durften. Das galt auch für Haugs und Dals Fäuste. Morgen, wenn dieser kleine, jämmerliche Anfall von Trunkenheit verflogen war – dann würden ihre großen, schartigen Handflächen sich wieder um verschlissenes Werkzeug schließen, schöner als Engelshände.

Sie wandten sich um, da Schritte auf dem Weg zu hören waren, sie schauten hin, und ein missvergnügter Zug trat auf ihre Gesichter. Irgendwie hatten sie gehofft, hier würde etwas *fürs Auge* kommen – wo sie doch gerade ihre Insel so priesen. Ein junges Mädchen oder so.

Aber es war eine groß gewachsene, schwarz gekleidete Frau, die es dort herantrieb. Kari Nes – die erst ihren

Mann in einem Unwetter auf See verloren hatte und bei einem späteren Unwetter auch noch ihre beiden erwachsenen Söhne. Jetzt war sie ganz allein.

Seither wanderte sie ruhelos herum. In Schwarz. Die Leute begegneten ihr nicht gern. Wer sie in der Ferne auftauchen sah, schlug lieber eine andere Richtung ein als vorgehabt.

Haug und Dal saßen still und fügten sich darein, dass sie kam. Glubschten sie aus wässrig betrunkenen Augen an.

Sie ging nicht vorbei. Das war immer das Dumme mit ihr. Sie blieb stehen und sprach sie an.

– Hier sitzt ihr also und trinkt, sagte sie.

Sie räusperten sich und grunzten etwas zur Antwort. Blickten sie unwillig an.

– Nein, sagte Haug dann.

Sie waren keine Trinker und auch nicht so angeheitert, dass sie sich hätten schämen müssen.

– Ich wandere umher und grüble, sagte Kari Nes.

Sie antworteten nicht. Wünschten sich nur, sie würde bald weitergehen und jemand anderen plagen. So war es jetzt immer mit ihr. Nach dem, was ihr zugestoßen war, sei sie nicht mehr ganz richtig im Kopf, wurde ihr nachgesagt.

Aber sie wollte nicht weiterziehen.

– Ich frage überall, sagte sie.

– Aha, sagte Dal. Schüchtern.

Sie schaute sie mit einer Miene an, als wollte sie gleich sagen, dass sie von *ihnen* nichts Hilfreiches erwartete.

– Aber niemand antwortet, sagte sie.

Und schaute sie unverwandt an. Was wollte sie?

– Ja, wir machen heut bisschen frei, sagte Haug plötzlich. Als Rechtfertigung seines Zustandes. Ihm ging es vor allem um ihren Vorwurf, dass sie hier beim Bier saßen.

Sofort war ihm klar, dass das auch verkehrt war, denn sie blickte ihn nur kalt an und ging dann weiter. Mit langen, angestrengten Schritten, als hätte sie es noch weit. In Wirklichkeit hielt sie sich auf der Insel. Alle begegneten ihr ständig. Sie ging einfach nur im Kreis.

Da: Schwarze, lange, dünne Beine, die sich dahinschleppten und dennoch nirgendwo ankamen. Ein Schatten, der plötzlich auftauchte und für Schrecken sorgte. Würde sie nur von hier wegziehen und keine Unruhe mehr in den Herzen erregen.

Haug und Dal seufzten erleichtert, als sie um die Biegung verschwand. Sie schauten sich nach mehr Bier um, vergeblich. Die beiden Flaschen lagen leer im Gras, ihre Hälse deuteten hierhin und dorthin. Diese Kari Nes, also wirklich …

– Was soll man *der* schon antworten, sagte Dal.

– Nein, das weiß der Herrgott allein, keine Ahnung, sagte Haug.

Wieder knirschte der Kies, und sie wendeten sich um, mit freundlichen Mienen, jetzt konnten sie ja sicher sein, dass es Kari Nes nicht war.

Ein fremder Mann kam gegangen. Er stammte nicht von der Insel, sie freuten sich. Dem Fremden gegenüber konnte man ruhig ein bisschen angeschickert sein, das machte nichts. Sie konnten ihn nach Lust und Laune ausfragen, wohin er wolle.

– Nirgendwohin, antwortete er.

Sie merkten auf. Das war ein erschöpfter und sorgenschwerer Mann. Und die Antwort gefiel ihnen nicht. Rasch übergingen sie das, indem sie Unsinn redeten und sagten, sie hießen Haug und Dal, aber wie *er* heiße, das würden sie wohl nicht erfahren, sagten sie.

Er wollte nicht stehen bleiben. Ging seines Wegs, als hätte er woanders was zu besorgen.

– Das war ja mal einer, sagten sie verwundert und schauten seinem geraden Rücken hinterher.

– Hast du den schon mal gesehen?

– Nein.

– Aber ein stattlicher Kerl.

– Ja, waren wir auch mal.

– Ja, wir mögen stattliche Kerle. Ein Skål auf unsere Insel.

– Wir haben kein Bier mehr.

Sie schwiegen wieder. Fingerten ein wenig um sich herum mit ihren offenen, breiten Arbeitshänden.

6

Es gab aber doch viele, die arbeiteten, heute auf der Insel. Nur sah man sie nicht, nicht von der Straße aus. In den Häusern arbeiteten die Frauen so wie jeden Tag: Sie hielten alles am Laufen, schlicht und einfach. Nichts Geringeres als das. Machten Essen für alle Münder. Wuschen. Zogen die Kinder an. Halfen denen auf, die so klein waren, dass sie ständig hinfielen und sich schlugen. Trösteten bei Geschrei und Tränen. Waren überall zugleich und hielten das Ganze zusammen, dank heimlicher Gaben, über die sie verfügten. Heute so wie gestern.

In Gärten und auf Hofplätzen, in Brennholzschuppen und Wirtschaftsgebäuden reparierten vielerorts Männer irgendetwas, das während der eiligen Erntearbeit liegen geblieben war. Auch draußen auf den Äckern gab es Arbeit an allen Enden. Die Zeit wurde genutzt, um einen verwahrlosten Graben zu säubern oder einen neuen zu ziehen. Oder es wurde wieder ein Stück vom Wäldchen gerodet, um einen neuen Acker zu gewinnen.

Das sah man nicht. Das Hauptbild war von dieser etwas trägen Ruhe geprägt, weil die großen allgemeinen Arbeiten ringsum für einen kurzen Moment innehielten. Aber gerade der Gedanke an diejenigen, die von der Straße aus nicht zu sehen waren, sorgte dafür, dass Dal und Haug sich schämten. Ganz ungerechtfertigt. Das bisschen Freizeit hatten sie zehnfach verdient. Aber wer ein echtes Arbeitstier war, dem ging es wie jetzt ihnen.

An einem Hang fielen ein paar graue Erlen. Auf einer kleinen neuen Rodung unterhalb des Hofes Li. Zwei Männer arbeiteten da. Es waren Vater und Sohn. Sie rodeten auf ihrem eigenen Stück Land. Zu verschnaufen konnten sie sich nicht leisten, dieser bewaldete Hang musste gerodet und urbar gemacht werden, bevor der Herbst Frost brachte. Sie fällten die Bäume und gruben die Stümpfe mit Hacke und Brechstange aus. Wurzelstränge schnitten sich durch die Grasnarbe, strafften sich wie gespannte Saiten. Und rissen. Danach kamen die Männer und gruben Grasbüschel und den Untergrund tief um, wälzten die Steine davon. Quer über den Hang verlief die tiefe Furche, die Trennlinie zwischen Wildnis und dem befreiten, gesäuberten Boden. Nur noch Erdreich jetzt. Arm und rein. Aber in sich trug es die Kraft, Brot zu bringen.

Genau das war der Antrieb der beiden, die sich hier abrackerten. Der Gedanke, dass hier Brotgetreide wachsen würde. Eine altbekannte Waffe gegen das Aufgeben war das. Sie waren erfahren in der Rodungsarbeit und entledigten sich ihrer so, wie nur der Erfahrene es kann, doch das verhinderte nicht, dass sie starr und steif wurden und sich über die gesprungenen Lippen leckten, wenn es in Schwerarbeit ausartete.

Dann brachte es rasch Hilfe, sich das Bild des Brotgetreides vor Augen zu rufen.

Der kräftig gebaute Vater war immer noch im besten Arbeitsalter. Auch der Sohn war ein starker Kerl. Sie setzten all ihre Kraft ein. In den Furchen trat der Untergrund zutage; übersät mit Steinen, die wohl noch nie das Tageslicht gesehen hatten, so sahen sie aus, nackt glänzend.

Wurzelstöcke und Reisig trockneten in Haufen. Beide Männer bewegten sich mittlerweile ziemlich mühsam.

Der Vater drehte sich um. Hinter ihm hatte ein trockener Zweig geknackt.

Der fremde Mann stand da.

Hierher auch. Er musste irgendwie überall hin. Hörte wohl ständig den leisen Ruf in sich: Andreas, komm – hier ist es. Musste einfach weiter und suchen, wonach sein Herz verlangte. Die Arbeitsgeräusche von hier hatten ihn vom Weg weggelockt. Es war eine auf künftige Zeiten gerichtete Arbeit, im Glauben an das Kommende. Das brachte ihn dazu, näher zu diesen Männern hinzugehen und ihnen einen guten Tag zu wünschen.

– Guten Tag, antworteten sie, zu müde, als dass sie sich wunderten, was dieser Unbekannte von ihnen wollte. Das Haar klebte ihnen auf der Stirn, aufgewühlte Erde und Schweiß beschmutzten ihre Gesichter. Man hätte es einen unheimlichen Anblick finden können, aber auf diese Idee konnte man gar nicht kommen.

Der Fremde kam noch näher. In dem Augenblick erkannten sie einander, er und der Sohn. Beide zuckten zusammen, fast hätten sie etwas ausgerufen, taten es aber nicht.

Eine allzu quälende Erinnerung war ihnen vor Augen getreten: Sie hatten beide Seite an Seite dagelegen, nachdem die Fabrik explodiert war.

Der Sohn war zwei, drei Jahre unterwegs gewesen, um etwas Geld für die Instandhaltung des heimischen Hofes zu verdienen, und so hatte er in dieser Fabrik Arbeit gefunden. Stand an seinem Platz an jenem Tag des Unglücks. Er und dieser Mann, der hier aufgetaucht war, waren gemeinsam wieder zu sich gekommen, auf einem

Haufen, umgeben von Toten und Verletzten. Zuvor hatten sie einander kaum je gesehen, jetzt waren sie ineinander geworfen und sahen einer das Weiße im Auge des anderen, und der Anblick ringsum fraß sich in sie hinein. Dann waren sie geborgen worden und hatten einander aus den Augen verloren. Kannten einander keinen Deut besser als zuvor. Nur dieses kurze Beisammensein umgeben von einem Flammenmeer. Danach war der Sohn nach Hause zurückgekehrt.

Und hier stießen sie also wieder aufeinander. Und erschraken. *Wollten* nicht. Blickten einander ins Gesicht und *schwiegen* das Erlebte weg. Brachten es nicht über sich, es zu erwähnen.

In diesem hastigen Blickwechsel erkannten sie ohne weiteres, wie verschieden es ihnen seither ergangen war. Der müde junge Mann auf der frischen Rodung sah einen friedlosen, versprengten Menschen vor sich. Andreas Vest hingegen sah einen, der gerade jetzt verdreckt und von der schweren Arbeit niedergedrückt war, dem das Leben ansonsten jedoch gelang. Davon berichteten seine ruhigen Augen.

Es drängte: Den da fragen, ihn fragen, ob er helfen konnte – nein, nein!, so was will ich nicht. Das kann ich nicht.

Es fragte in ihm, ungeduldig:

Was *willst* du hier?

– Wie heißt der Hof da oben?, fragte er den älteren Mann, um aus der Situation herauszufinden.

– Li.

– Aha. Lebt wohl.

Und weg war er. Rasch. Zurück zum Weg.

Die beiden arbeiteten weiter. Matt und wortkarg.

– Hast du den gekannt?, fragte der Vater.

– Nein.
– Ich dachte.
– Ja, dachte ich auch erst, aber doch nicht.
Weiter gingen sie nicht darauf ein. Die Arbeit goss ihnen Blei in die Knochen und lähmte alle Bewegungen der Zunge. Da redete man nicht mehr als nötig.

Dann knackte der trockene Zweig wieder. Kari Nes. Dass die auch nirgendwo wegbleiben konnte. Schaute vorbei, ob man es wollte oder nicht. Da stand sie wieder, lang und dunkel, man konnte gar nicht sagen, woran sie erinnerte.

Dafür wusste man umso besser, was sie sagen würde.
– Ihr rodet also, sagte sie zur Einleitung.
Sie taten so beschäftigt, dass sie es nicht hörten. Ihr Sinn war von ihr abgewandt. Wollte nichts von dem Beunruhigenden wissen, das sie ihnen brachte.
– Ich frage überall, sagte sie.
Da brach es aus dem Älteren heraus, er sagte ziemlich barsch:
– Mag sein, dazu haben wir keine Zeit!
Sie scherte sich kein bisschen um seinen Ton.
– *Könnt* ihr denn antworten?, fragte sie.
Sie schwiegen.
– Was seid denn *ihr* für Männer?, fragte sie.
Nicht daran vorbeizukommen. Als hätte sie mit irgendwem einen Pakt geschlossen, dass sie die Leute aufstörte und sie daran hinderte zu vergessen, was für ein jämmerlicher Haufen sie waren. Beide schwiegen sie.

Sie stiefelte davon. Und die beiden beugten sich wieder über Stümpfe und Wurzeln und Steine. Schwerer als zuvor.

7

Das junge Mädchen in der Scheune hielt immer noch zusammengekrümmt Wache. Mucksmäuschenstill. Abwesend. Besonders aufmerksam war sie nicht. Das war aber auch nicht nötig. Die Sau brachte ihre Ferkel umstandslos zur Welt, alles war, wie es sein sollte. Ein ewiges Wunder, das sich hier wieder ereignete, in dem engen, übelriechenden Koben. Neues Leben. Tausend Kleinigkeiten am rechten Platz, damit alles so gehen konnte. Unbegreiflich. Hätte Helga ernsthaft darüber nachgedacht, ihr wäre davon schwindlig geworden. Aber über so was dachte sie nicht nach.

Oben unter dem Dach summten träge die Fliegen. Manche surrten herum, andere schienen zu schlafen. Viele hingen auch grau und leblos in den Spinnweben.

Von den offenen Koben draußen ertönte das gedämpfte Grunzen von all den Ferkelkindern. Der Eber saß mit aufgesperrtem Maul reglos in seiner Ödnis von Langeweile.

Hier drinnen aber ereignete sich das Wunder des Lebens.

Doch bald verwandelte sich das ganze Bild.

Jens, der Eigentümer der Koben, kam zu den Schweinen zusammen mit einem Sauschneider, wie er genannt wurde. Einem, der von Insel zu Insel reiste und die männlichen Jungferkel verschnitt. Er trug eine weiße Jacke, aber ein voll ausgebildeter Tierarzt war das eher nicht. Dennoch hatte Jens wie schon oft nach ihm gesandt, da die Eberferkel kastriert werden mussten. Kein vergnüglicher Anblick, aber für den Schweinezüchter unvermeidlich.

Jetzt standen die beiden Männer über den Koben, in denen die Ferkel sich wälzten.

Der Mann in der weißen Jacke stöberte ein wenig in der Menge herum. Zwischen den männlichen Ferkeln. Als Anfang. Zur Übersicht. Beide Geschlechter lagen durcheinander. Schliefen, oder sie blickten den Mann aus wasserblauen Augen an.

Die Sauen hingegen merkten auf und wurden unruhig. Als würden sie den Mann wiedererkennen. Sie kamen ganz auf die Beine, da standen sie schlammgrau, schwer. Bedrohlich und lang und stumm. Jede in ihrem Koben.

Aber das schien gleich wieder vorüberzugehen. Es kam Fressen in die Tröge, und die von den Ferkeln ausgesogenen Sauen hatten wilden Hunger. Sie gingen hinüber zu den Fressbottichen und ließen die Nachkommenschaft herumwuseln, wie sie Lust hatte. So ging es jeden Tag. Außerdem war das Fressen besser als sonst. Sie gruben die Schnauzen tief hinein.

Der Eber drüben in seiner Ödnis bekam nichts. Es war auch nicht reguläre Fütterungszeit. Er hatte aber gute Ohren und hörte, wie die Sauen fraßen. Er gab zur Kenntnis, was er davon hielt. Alle in der näheren Umgebung schraken zusammen, das Kauen hielt inne. Aber nicht lange, dann wurde weitergeschmatzt. Und Futter kam keines zum Eber. Er schob die Nase unter einen aufgegrabenen Stein und schleuderte ihn in die Luft. Im Niederstürzen landete der auf seinem Schädel. Rums. – In den dunklen Abgrund. Milder stimmte ihn das nicht.

Aber es ging nicht um ihn an diesem Vormittag, es ging um die rosa Ferkelchen. Sie wurden von ihren Müttern abgesondert. Eines nach dem anderen wurden die männlichen Ferkel herausgesucht. Sie quiekten, als sie aus dem Gewusel gezogen wurden. Es klang wie kurz aufkreischende Sägen.

Ein dunkler, schwerer Schatten legte sich über alles.

Die kleine Herde war beunruhigt. Mutter war fort. Sie winselten.

Drinnen in der Scheune horchte das Mädchen auf. Die Geräusche ließen sie kurz zusammenzucken. Die junge Muttersau kümmerte sich um ihre eigenen Dinge, lauschte aber und wurde unruhiger. Schrak zusammen, Mal ums Mal.

Das kurze schmerzerfüllte Quieken ließ auch die beiden Sauen an den Trögen innehalten. Sie lauschten. Jede in ihrem Koben, und die Koben waren abgesperrt. Der Appetit verging ihnen, sie lauschten aufmerksam.

Sie verfinsterten sich. Der Abgrund in ihren Stirnen wurde tiefer. Ihre Augen noch ärger vermauert. Unterdessen erspähten sie einander durch die Spalten in der Bretterwand, mit der die Koben unterteilt waren.

Ein kurzes Quieken stieg auf – verstummte wieder …

Ein Aufschrei mischte sich dazu – er kam von draußen. Vom Eber. Der Eber lauschte ebenso gespannt und aufgewühlt.

Drinnen zählte Helga die Neugeborenen. Ein besonders zahlreicher Wurf. Jetzt herrschte Ruhe nach der Aufregung. Aber alle spitzten die Ohren.

Wieder kreischte eine kleine Säge auf.

Die Sauen hörten es. Auffahrend. Mit vernageltem Sinn.

Rums …

Nicht von außen, wie es dem Eber mit dem Stein ergangen war, sondern von innen.

Rums – und dann geht es in den Abgrund. Zu den Verurteilten und Verlorenen. In die Dunkelheit. Ein kurzer Blick hinüber. Schon schlug da etwas an. Von einem Quieken angestachelt. Von beiden zugleich ging es aus, weder die eine noch die andere war als Ursache auszumachen. Der Funken sprang zwischen ihnen über, er brauchte keine Zeit. Sie erkannten, die andere war eine Todfeindin. Warum das so war, daran zu denken war keine Zeit. Sie hatten das Quieken zugleich gehört. Waren durch die Spalten Zeuginnen voneinander geworden. Das war unverzeihlich.

Die Planken der Abtrennung zwischen ihnen schienen nicht mehr zu sein als eine Pappwand, als sie dagegen flogen und sie mit blitzschnellen Seitenschlägen der Köpfe zertrümmerten. Die Bruchstücke flogen nach allen Seiten, und die beiden Sauen gingen tobsüchtig aufeinander los.

Es kam einfach so.

Die da drüben musste ausgelöscht werden – sie war Zeugin von etwas, das nicht sein durfte.

Jetzt zeigte sich, dass sie noch aus etwas anderem bestanden als aus Speck. In den zusammengepressten Hirnkammern erwachten Angriffspläne Seite an Seite mit sinnloser Raserei. Die Zähne blitzten bei den hässlichen Seitenbissen, die sie einander versetzten. Ein Schütteln der Schnauze – und schon soll die Gegnerin zerfetzt da liegen. So war es irgendwann im Urwald gewesen, im Nebel längst vergangener Zeiten.

Aber die Gegnerin ließ sich nicht so leicht aufschlitzen

und töten. Sie kannte diesen Biss, er wurde abgewehrt. Mit einem Knallen trafen die Zähne aufeinander, sie gruben sich in die Speckschwarte, bis ins Fleisch. Oberflächliche Verletzungen nur, die Kraft und Raserei bloß noch steigerten. Die Sauen bestanden durch und durch aus wilder Wut. Jegliche Art toter Ruhe war abgeschüttelt wie eine Maske – es erwies sich, dass sie nichts waren als gefährliche Energie und Kraft.

Das leise Quieken hielt möglicherweise an, es ging aber unter, jetzt, da die Sauen so laut wurden.

Sie kreischten. Dazwischen das Krachen des zertrümmerten Plankenwerks. Und das Ächzen jedes Mal, wenn der verletzte Speck aneinanderklatschte.

Der Eber in seiner Einsamkeit schoss hoch. Er kannte diese Stimmen. Erst bekam er einen Funken ihres Wahnsinns ab und flog aufbrüllend gegen die Wand seines Verschlags. Das trockene Holz der Planken splitterte leicht, die Späne flogen weiß und rein auf den schlammigen Boden. Aber sein Koben war extra robust gebaut, die Bretter hielten. Und die Wände waren so hoch, er kam nicht darüber weg. Das wilde Tier in ihm war quicklebendig, sein sehniger Leib krümmte sich. Aber er kam nicht über die Absperrung.

Nur der erste Aufschrei von da drüben hatte diese Wirkung auf ihn. Als die Geräusche schlimmer wurden, packte den Eber die Angst. Ein beklemmendes Entsetzen, er sank zurück in den Dreck. Zwischen den Atemzügen lauschte er. Spürte gefährliche Dinge ganz nah bei sich in diesen Schreien. Das lähmte ihn. Er sperrte die Schnauze auf, um *richtig* Laut zu geben, aber es kam nichts. Er war fürs Erste erledigt. Aus diesem Spiel raus.

Die Sauen hingegen waren nicht so schnell fertig. Immer noch schossen sie in vollem Rasen aufeinander los. Die andere musste vernichtet werden. Der Grund dafür war dem Bewusstsein schon lange verloren gegangen. Blut floss von den Seitenbissen, die sie einander verpassten. Ihr Kreischen erfüllte die Luft.

Die beiden Männer hatten sofort aufgehört, mit den Eberferkeln zu hantieren. Jetzt tanzten sie ratlos vor den Koben und riefen einander zu: Das geht nicht gut! Aber sie konnten nichts ausrichten. Unmöglich, zu den beiden Rasenden hineinzugehen im Versuch, sie zu trennen. Helga war auch dazugekommen. Und Bergit, Jens' Frau, war aus dem Haus getreten. Sie kannte die Sauen, versorgte sie tagtäglich, aber jetzt waren sie nicht wiederzuerkennen. Die Leute sprangen hin und her. Riefen einander zu:

– Hol die Flinte …

– Ja, erschieß eine, dann …

– Nein, nein!, sagte die Frau. Sie sind zu wertvoll, jetzt, wo sie so viele Kleine haben.

– Aber die bringen sich um.

– Nein, nein …

Die Ferkelchen hatten sich in eine Ecke gedrängt. Geduckt. Reglos. Irgendetwas innen zwang sie in diese Stellung. Der Vater. Der Aufruhr. Das Unbegreifliche. Sich ducken, mucksmäuschenstill.

Etwas krachte. Der Koben barst unter einem schweren Seitenhieb. Die Sauen purzelten auf den freien Hofplatz hinaus und gingen sofort auf die Menschen los, die sich da aufhielten. Die Leute angreifen – während sie zugleich auf Leben und Tod miteinander kämpften und einander die Seiten aufschlitzten. Auf alles losgehen, das sich regt.

Der Mann und seine Frau und der Sauschneider retten sich mit langen Sätzen durch die Tür ins Haus. Das Mädchen schlüpfte in den Schweinestall, wo sie zuvor Wache gehalten hatte.

Aber jetzt war der Teufel in die Sauen gefahren. Kaum hatten die Leute sich hinter Jens' und Bergits Stubentür versammelt, in der sicheren, guten Menschenhöhle, da flog die Tür auf. Sie hatten nicht daran gedacht, sie zu verriegeln, und sie öffnete nach innen. Da waren die Sauen auch schon, reckten ihre blutigen Schnauzen herein. Hielten inne, verharrten kurz blinzelnd.

Die Wirkung in dem Zimmer war erschlagend. Die drei hier Versammelten, eben noch draußen, standen jetzt diesem Anblick gegenüber. Diesem Augenblick. Dem Biest. Den Dämonen.

Was ist das? Was wird geschehen?

Unsinn! Das waren doch nur die beiden Sauen, denen Bergit jeden Tag mehrmals zu fressen brachte! Nein, sie waren verwandelt. Das hier war etwas anderes. Das unbekannte *Tier* reckte die Schnauze nach dem Leben des Menschen: dunkel, verkotet, klaffend.

Eine Sekunde: Der Teufel sucht unser Haus heim. Mach dich bereit, du, er will dich holen – sie wussten nicht, was da in sie fuhr. Aber die rohen, blutigen Schnauzen waren dort, in die Luft gereckt.

Eine Sekunde. Dann kam Leben in Jens. Er packte eine kleine Bank, die da stand, und schob sie krachend den Sauen entgegen.

Auch die Sprache hatte er wiedergefunden:

– Raus!

Darauf waren die Sauen irgendwie nicht gefasst gewesen. Sie quiekten auf, wandten sich um und schossen wieder auf den Hofplatz.

Die Wohnstube war befreit. Der Anblick war fort. Jetzt waren das wieder die altbekannten Sauen, aber sie waren tobsüchtig geworden und rasten ihrem Untergang entgegen.

Sie durften ihr Leben aber nicht verlieren. Es galt, die wertvollen Tiere einzufangen, bevor es zu spät war. Jens und Bergit und der fremde Mann griffen Stangen zum Heuaufsetzen und eilten hinaus. Bergit nahm außerdem einen Eimer mit Fressen mit, um zu locken.

Draußen hielt der Kampf an. Blind. Keine der beiden gab nach. Sie rannten aufeinander zu und schlitzten sich. Stolperten weiter. Helga hatte ihre Wache bei der jüngsten Sau verlassen und spähte durch ein Guckloch.

– Achtung!, rief Bergit. Der Brunnen!

– Ja, der Brunnen! Haltet sie von dem fern!

Zu spät. An der Wand des Viehstalls befand sich von früher her ein tiefer Brunnen mit verplankten Wänden. Außer Gebrauch, leer, doch nicht verfüllt – auf dem Hof lebten nur Erwachsene, er war für niemanden eine Gefahr. Der Rand war morsch und eingefallen, auf einer Ebene mit dem Gelände, ringsum Abfall. Die Sauen steuerten direkt darauf zu. Die erste stürzte mit einem Quieken ab, die andere war ihr so dicht auf den Fersen, dass sie nicht mehr anhalten konnte und hinterher stürzte. Vom Erdboden verschwunden, blitzschnell, beide.

Die drei Menschen hörten nur ein fettes Klatschen, als die zweite Sau auf der ersten auftraf, unten in der trockenen Tiefe.

Zu spät, um *Halt* zu rufen.

Sie gingen zu der Öffnung. Tief unten lagen beide Tiere mit gebrochenem Genick. Traten noch ein wenig mit den Pfoten aus und waren tot. Verrenkt. Und tief unter der Erde. Sie schimmerten grauweiß dort unten. In der Unterwelt. Dort, wo dies hingehörte.

Sie drehten sich jäh um:

Niemand hatte bemerkt, wie Helga mit einem Satz von ihrem Guckloch weggesprungen war, doch jetzt hörten sie sie entsetzt aus dem überhitzten Schweinestall rufen:

– Hilfe!

– Was denn schon wieder?

Alle drei liefen los. Ein eigenartiges Geräusch drang aus dem Stall. War das immer noch nicht zu Ende?

Das Mädchen rief wieder:

– Kommt, kommt schnell! Hierher. Sie frisst sie auf!

Ja natürlich. Sie frisst sie auf.

– Sie frisst ihre Kleinen.

Sie frisst ihre Kleinen.

Sie sagten es im Chor.

– Natürlich, das hätte ich mir denken können – bei dem Aufstand. Das halten sie nicht aus.

Sie kamen zu dem hilflosen Mädchen hinein. Auf beiden Seiten der Scheune gab es Eingangstüren. Im Hineinstürzen sahen sie, dass in der anderen Tür ein fremder Mann stand. Mit aufgerissenen Augen. Doch erst einmal kümmerten sie sich nicht um ihn. Helga sah ihn auch nicht. Alle schauten nur auf die jüngste Sau. Sie hatte sich über ihre Neugeborenen hergemacht. Gab eine Art eigenartiges Knurren tief aus der Kehle von sich. Schnappte nach ihren Ferkeln und schluckte sie. Ihr ganzer Leib erbebte in unregelmäßigem, raschem Zittern.

Wieder standen sie kurz mit starren Augen da.

Hier ist es.

Hier ist der Abgrund.

– Schaff sie weg, na los!, rief die Frau ihrer Tochter zu, bevor sie selbst hingelangt war.

Helga hatte einige Ferkelchen beiseite schieben können. Aber jetzt stand sie völlig ratlos da. Die Sau fraß furchterregend schnell. Von Sinnen vor Schrecken nach dem, was sie von draußen gehört hatte.

Jens war als Erster bei ihr und konnte ein paar von den Kleinen retten. Auch ihm zitterten die Hände. Irgendwie war man ganz weit unten. Unter der grünen Erde. Bei den Verlorenen.

Hatte da nicht eben ein Fremder in der Tür gestanden? Jetzt nicht mehr. Er war von diesem Ort geflohen.

8

Ja, er war geflohen. Andreas Vest.

Klick, hatte es gemacht, dort drinnen, wo er seine Gedanken kontrollierte. Ein Aufblitzen von bösem Licht, dann nichts mehr. Dunkelheit. Äußerlich sah alles aus wie zuvor, doch in der Tiefe darunter geschah Nichtwiedergutzumachendes. – Und er sah zu, dass er von Li wegkam.

Ins Gebüsch. Einfach *weg* irgendwohin. In die Wäldchen, in das dichte Blattwerk des Unterholzes auf diesem fruchtbaren Stückchen Erde.

Was wollte er da?

Auf der Lauer liegen, meinte er. Hinein dort und auf der Lauer liegen, ob irgendwas kommt, das mein ist. Nein, auch das nicht.

Er wusste nicht. Neue, unsteuerbare Gedanken zwangen sich ihm quälend auf seit dem verdrängten Zusammenbruch.

Er zerbrach keinen Zweig, lief leicht und lautlos.

Der Ruf, den er vernommen hatte, war erst noch so glücklich nachgehallt, während er weitergegangen war. Er war Leuten begegnet, hatte aber nicht versucht, Kontakt zu knüpfen. Noch nicht. Erst ausgiebig allein herumgehen und dem Zuruf dieser fruchtbaren Erde lauschen, dieses Friedens:

Andreas!

In ihm antwortete etwas auf den Ruf:

Ja, hier werde ich Heilung erleben. Zur Ruhe kommen dürfen, vor allem *vergessen* dürfen.

Da ist das Schicksal also vielleicht gnädig mit mir im Vergleich mit anderen, die ich gesehen habe. All den Aufgezehrten, dachte er.

Arbeitsgeräusche lockten ihn zu einer frischen Rodung, und dort stieß er auf einen, den er kannte. Nur schnell wieder weg von dem! Doch dessen Bild hatte sich ihm eingeprägt: Ihn sehen jetzt! Sehen, wie er der Zukunft entgegenblickt, und glauben.

Wie aufgewühlt du bist, dachte er. Du siehst in allem Zeichen, nimm dich bloß in Acht.

Schau mal, dir zittern die Hände.

Ja, das liegt daran, dass hier etwas nach mir ruft.

Er kam aus den Wäldchen hinaus auf eine Wiese, die war dunkelgrün von seit der Mahd nachgewachsenem Gras. Wieder eine lange, grüne Wiese.

Oben am Hügel lag der Hof, von dem der Mann gesagt hatte, er heiße Li. Die wuchtige dunkelrote Scheune ragte empor. Alles war schön und wirkte wohlgepflegt.

Er folgte der Auffahrt zum Hof. Sie war in einem weiten Bogen den Hügel hinauf angelegt, so hatten die Pferde beim Einbringen der Ernte so wenig Mühe wie möglich. Kein Geräusch war von dort zu hören.

Ein Ruck:

Weißt du noch?

Da waren sie wieder. Die Erinnerungen. Aber in diesem Moment gelang es ihm, sie fortzusperren. Die andere, verlockende Stimme sagte allzu freundlich und leise: Andreas, komm zu mir, ich behüte dich …

Er zitterte und glaubte.

Jetzt näherte er sich den Häusern von Li. Mittlerweile war er so weit oben, dass er die Insel überschaute, bis zum Meer. Sein unbehaustes Herz schmiegte sich ins Wohlbehagen.

– Ja, sagte er laut.

Dann ging er weiter hinauf.

Er schrak zusammen. Hörte gellende Schreie vom Hof her. Was war das? Die Schreie drangen nur gedämpft aus dem Quader des Gebäudes, und doch waren sie durchdringend. Es durchfuhr ihn kalt. Aber dann fasste er sich: Tierschreie. Schweine schlicht und einfach. So ein Quieken und Kreischen habe ich schließlich schon früher aus Verschlägen gehört.

Er ging weiter auf die Häuser zu. Aber unruhiger als zuvor, denn je näher er kam, desto lauter wurde der Lärm. Schrill und ohrenbetäubend. Böse.

Er beruhigte sich selbst: Das sind sicher nur Haustiere, die so einen Lärm veranstalten. Davon verstehe ich nichts. Von Höfen und Vieh weiß ich nicht so viel. Und horch, jetzt ist Schluss.

Es war auf einmal still. Gerade war er bei der Scheune angelangt. Freute sich an der roten Wand und dem Obstgarten, der sich unterhalb des Gebäudes weit erstreckte. Hier wohnen Leute, die sind vom rechten Schlag, das sehe ich, obwohl ich noch nie geackert habe.

Den Hofplatz sah er nicht, der war von Gebäuden umstellt. Der Weg führte noch um einen Schuppen herum. Da ertönte ein ängstlicher Ruf aus der Scheune:

– Hilfe!

Er hörte eine Frauenstimme, scharf:

– Kommt, kommt! Sie frisst sie *auf*!

– Sie frisst sie auf!, antwortete es aus einiger Entfernung.

Er begriff nicht, was das heißen sollte, dachte auch nicht weiter darüber nach. Es wurde schlicht und einfach um Hilfe gerufen, und darauf reagierte sein Körper ganz von selbst. *Darin* ist der Körper geübt, durch das gute Zusammensein mit Menschen als Erwachsene.

Schnell hin und schauen, was man tun kann – das ist die einzige Frage.

Die Rufe kamen aus der Scheune, neben der er stand, und in dieser Wand war eine Tür. Sie stand offen. Er lief hinein, in einen Gang. Dort schlug ihm ätzender Geruch entgegen. Staubgraue Fliegen flogen ihm ins Gesicht.

Aus einem Verschlag kamen die Rufe, und ein junges Mädchen wühlte im Stroh, als würde sie etwas einsammeln.

Er ging dorthin. Das Mädchen war so gefangen, dass sie ihn nicht mal bemerkte. Auch ihm fiel das hübsche Mädchen nicht auf. Seine Augen wurden von dem festgehalten, was er in dem Verschlag sah:

Die Sau gab langgezogene Schreie von sich und fraß ihre neugeborenen Ferkel. Rasend schnell. Blind.

Er hätte am liebsten losgebrüllt, stand aber stocksteif da und brachte keinen Laut heraus. Der Anblick war zu stark für ihn.

Sieh dir das an. Mütter fressen ihre Kinder.

Sieh dir das Leben an. Die Mutter frisst ihr Kind. Kind um Kind. Der Abgrund hat sich aufgetan. Was für einer?

Der Anblick dieses Sinnlosen brachte das Überspannte in ihm zum Reißen. In diesem Moment. Das war der letzte Anstoß, den er noch brauchte, um den Halt restlos zu verlieren. Das Verwundete in ihm verkraftete das nicht.

Ein Klick irgendwo innen. Es loderte auf, da war es geschehen. Ein Stoß quer durch ihn hindurch, während sein Verstand ausbrannte.

Dann sah er wieder aus wie zuvor.

Er stand noch kurz da. Jemand stürmte herein, zwei Männer, die in dem Verschlag herumfuhrwerkten. Andreas ging rasch durch dieselbe Tür hinaus und eilte leise davon.

Das Zittern in ihm war weg.

Eilte leise davon. Die Straße wieder hinunter. Von der Straße ab und in das dichte Gebüsch. Das Gesträuch strich ihm sacht übers Gesicht. Das rief bei ihm ein schönes Lächeln hervor.

– Was denn?, sagte er und drehte sich um.

Es war niemand hinter ihm.

Er eilte leise und leicht weiter.

9

Else und Rolv hatten sich voneinander verabschiedet. Erst waren sie noch hügelan hinter dem Fremden hergegangen. Nur weil die Begegnung mit ihm so sehr gewirkt hatte. Dann bogen sie ab. Else sagte, jetzt müsse sie aber wirklich nach Hause und beim Abendessen helfen.

– Na gut, antwortete Rolv kurz angebunden.

Der Fremde war weg und seine Wirkung auch. Beide standen für sich – unter den Bäumen, die über die Straße hingen. Irgendwas in der Nähe roch kräftig und überreif.

Else sagte:

– Manchmal bin ich sicher, dass du mich am liebsten los wärst, das sag ich dir.

– Unsinn.

– Was soll ich sonst denken, sagte Else, – ich sehe so viele kleine Zeichen.

– Die du sammelst.

– Muss ich ja wohl. Es bedeutet sehr viel.

– Man sollte sich nicht so übertrieben viel einbilden, was das Ganze hier ist, sagte Rolv. So ist das nämlich. Dann würde man nicht mehr verlangen, als was menschenmöglich ist.

Ihm war wohl schon klar, dass das schroff war. Aber es war ihm ein Bedürfnis gewesen.

Else gab es einen Stich, das konnte er sehen. Aber er

wollte es gesagt haben. Er wusste sich einfach nicht zu helfen in diesen Dingen.

– Wahrscheinlich sollte ich heute gar nicht mehr mit dir reden, sagte Else. Dann brauchst du nichts Dummes mehr zu sagen.

– Ja, vielleicht.

– Ich glaube, das wär sicherer. Dann mal danke für heute, Rolv.

– Ach, trotzdem?

Nichts Dummes, hat sie gesagt. Das Wörtchen macht ihn wütend. Darum kam sein *trotzdem* so bissig heraus.

Aber sie ließ sich nicht dazu verlocken, ihm neue Kränkungen zu entgegnen. Sie sagte nur:

– Ja, trotzdem.

Sagte es freundlich. Und wuchs dadurch.

– Danke für heute, sagte er.

Sie drehte sich weg, um nach Hause zu gehen. Wollte einen der unzähligen Nebenwege nehmen, die durch Felder und Wälder über die Insel führten. Er selbst nahm einen anderen Nebenweg nach Li.

Er blickte zurück. Tatsächlich: Da stand sie. Schaute, ob er ihr nachkäme.

Schnell gab er einem Pilz am Straßenrand einen Fußtritt. Der splitterte weg. Dann ging er schnell weiter, aus ihrer Sichtweite.

Er ging, ohne etwas zu sehen oder zu hören. Ringsum rührte sich das Laub sacht und das Gras im Wald. Wind von See. Dann nichts mehr. Abgeflaut. Glutheiß und still. Dabei stand die Sonne noch nicht einmal am höchsten Punkt. Man atmete mühsam. Rolv sog die schwere Luft ein, er wurde noch missmutiger, noch ratloser.

Mädchen, dachte er.

Wenn's die bloß nicht gäbe!

Jaha, aber wenn's mit denen wäre, wie's sein *sollte*.

Dieser fremde Mann, dachte er auf einmal – wie der einen bloß ansah! Wie kam das, dass man ihm nachlief wie verzaubert?

Etwas regte sich im Gebüsch vor ihm. Ein Mädchen betrat die Straße, ein paar lange grüne Pflanzen in der Hand. Sie selbst war lang und jung.

Rolv starrte sie an. Diesen lieben Menschen. Seine Schwester. Inga. Siebzehn Jahre.

Sie hatte ihm den Rücken zugewandt. Suchte wohl noch neue Pflanzen. Sie suchte immer nach neuen Pflanzen und schien auch welche zu finden. Er rief rasch:

– Inga!

Sie antwortete, ohne sich umzudrehen. Da hatte sie wohl schon gesehen, dass er da war.

– Ja, ist was?

– Nein.

Er schloss zu ihr auf.

– Was willst du mit dem Grünzeug da?

Sie schaute ihn immer noch nicht an, spähte ins Gebüsch.

– Selber Grünzeug – und was schnüffelst *du* hier herum?, fragte sie freundschaftlich. Sie war immer eine gute Freundin gewesen, sowohl beim Spiel als auch bei der Arbeit im Garten.

Er stand nah bei ihr. Sah sie an. Sie wirkte nicht glücklich. Es traf ihn, wie unfroh sie aussah.

– Stimmt irgendwas nicht, Inga?

– Was sollte nicht stimmen?

Fast misstrauisch schaute sie ihren Bruder an. Als würde er sie plagen.

– Es ist so heiß!, sagte er. Man kriegt kaum Luft bei dem stickigen Wetter.

– Klar, kriegt man schon. Aber du bist heute wieder miesepetrig, das sehe ich dir an.

– Bin ich das.

– Ja, bist du, und zwar zu oft. Das solltest du dir jetzt mal abgewöhnen, Rolv.

– So groß, wie *ich* schon bin, äffte er nach, meinst du das?

Sie lachte.

– Ja, so sagen die Eltern das.

Er schaute sie an. Sie war hoch und schlank gewachsen. Er mochte sie. Sie waren immer so viel zusammen gewesen.

– Wo geht es hin?, fragte er.

Sie ging schon wieder querwaldein.

– Mutter ist hier drüben, sagte sie, wir sind zusammen losgegangen. Mutter ist heute tatsächlich auch draußen unterwegs, es war ja Zeit dafür. Ich hab nur einen Abstecher hier rüber gemacht, wegen diesen Blättern.

Sie ging weg.

10

Inga ging direkten Wegs zu ihrer Mutter.

Die Mutter, Mari Li, wartete ein Stück weiter, auf einem Stein sitzend. Inga sah den vertrauten Rücken. Leicht gekrümmt von langer, zäher Arbeit, aber nicht verschlissen. Gut und angemessen müde, aber noch imstande, viele lange Tage zu bestehen. Ein Hausfrauenrücken.

Durch eine Schneise im Laub war das Meer zu sehen, und Mari Li hatte sich dieser Schneise zugewandt. Da saß sie reglos, erkannte die Schritte derjenigen, die da kam, und sagte, ohne sich umzudrehen:

– Du warst ganz schön lange weg.

– Ja.

– Es tut so gut, ein bisschen zu sitzen, wann hat man schon Zeit dafür. Ich warte auf ein Lüftchen durch diese Schneise da, aber heute regt sich kein Hauch, nicht mal vom Meer her.

– Nein.

Die Mutter wandte sich Inga zu bei dieser abweisenden Antwort.

Inga fragte:

– Was ist denn?

– Nichts. Du bist so einsilbig.

Inga lachte.

– Nein, das kommt dir nur so vor. Man wird heute so dösig.

– Ja, die Hitze jeden Tag, das ist anstrengend. Wenn man dann auch noch am Herd stehen soll. Wir müssen wohl heim, Abendessen machen.

– Daran brauchen wir jetzt noch nicht zu denken, Vater ist ja weg. Wir haben doch schon was vorbereitet, bevor wir aufgebrochen sind.

– Rolv ist sicher hungrig, sagte die Mutter aus alter Gewohnheit nach der Erfahrung, einen Jungen aufgezogen zu haben.

– Rolv kann genauso gut für sich selbst sorgen wie jeder andere.

Die Mutter sagte unvermittelt:

– Ist es nicht seltsam, weil heute eigentlich kein Feiertag ist, hat man gar nichts davon, so zu sitzen wie wir hier. Man hat immer das Gefühl, man vergeudet Zeit. Es ist doch verrückt, man arbeitet so hart und denkt am Ende so was.

Inga schwieg.

– Dir geht es nicht so, noch nicht, warte ab. Das kommt irgendwann. Kaum setzt man sich hin, gleich kommt das schlechte Gewissen. Ich glaube, das geht auf jedem Hof so.

– Ja, wirklich dumm!, sagte Inga.

Ihre Mutter stutzte bei dem etwas schroffen Ton. Sie hatte ein großes, freundliches Gesicht. Jetzt während dem Reden wurden viele angestrengte Züge darin erkennbar. Sie fragte rasch:

– Inga, was hast du?

– Nichts, hab ich doch gesagt.

Diesen abweisenden Ton bekam die Mutter öfter zu hören, er ließ sie seufzen.

– Was nur mit dir ist, Inga? Ich verstehe mich gar nicht mehr auf dich. Du bist so oft missmutig, und ich glaube nicht, dass ich daran schuld bin.

Sie schauten einander an. Die Züge beider Gesichter glichen sich sehr. Doch das eine war angespannt und abwartend, im anderen zeigte sich ein klein wenig Bedauern und Müdigkeit. Die Tochter sah das und fragte jäh, erschrocken:

– Geht es schief mit all dem, was man sich so denkt in meinem Alter?

– Mit dem, was man sich denkt?

– Ja, man denkt doch an so vieles *voraus*. Ich jedenfalls, andere sicher auch. Sachen, wo man dabei sein will oder die man haben will. Hast du doch auch früher, denke ich. Aber jetzt bist du müde und magst nicht mehr.

Für ihre Mutter war das wie ein strafender Peitschenhieb, sie duckte sich unwillkürlich.

– Ich verstehe dich nicht, sagte sie, in meiner Jugend waren wir nicht so.

– Ach was, du hast doch auch auf alles Mögliche gehofft, ganz sicher!

– Alles Mögliche? Ich habe dich gekriegt und Rolv, sagte die Mutter rasch.

Das verblüffte Inga, sie wurde kleinlaut. Wusste darauf nichts zu erwidern.

– Also bin ich reich genug, sagte ihre Mutter dann noch. Aber jetzt entgleitet ihr mir beide. *Das* ist es, was einem zu schaffen macht.

Das verstörte Inga noch mehr. Sie saß stumm da. Mari trug ihre Anklage vor:

– Ihr redet immer weniger mit mir über das, was ihr auf dem Herzen habt.

– Natürlich nicht!, brach es aus Inga hervor. – Entschuldige, Mutter, aber wie sollte das denn gehen.

– Warum?

– So ist es doch normal, oder etwa nicht?

– Ja, ja.

Ihre Mutter war resigniert. Beide hingen ihren Gedanken nach. Blickten durch die Öffnung im Laubwerk auf die stille See. Dann sagte die Mutter unvermittelt, es war, als griffe sie in die Saiten eines Musikinstruments, das singend antwortete, *so* viel kam in ihrer Stimme zum Ausdruck, als es aus ihr herausbrach:

– Ich habe so viele Erinnerungen an dich und Rolv, ich glaube, es sind so viele wie Blätter an den Bäumen.

Inga verstummte schon wieder. Ratlos. Ihr war klar, ihre Mutter hatte recht. Mit dem Reichtum, den sie besaß. Aber was war missglückt? Ganz deutlich war irgendetwas missglückt. Und ihre Mutter litt wegen einer Enttäuschung.

In Inga stiegen bei diesen Worten rasche, sich überlagernde Bilder von ihrem Zusammenleben auf. Aus der Kindheit und dem Aufwachsen, unlösbar mit der steten Arbeit in dem großen Obstgarten verknüpft, immer die rote Wand im Hintergrund, oder von den stillen Wintern im Wohnhaus. Wie die Mutter sich um alles kümmerte – und im Hintergrund der Vater, Karl Li, ganz eins mit dem Garten und der Arbeit draußen. Groß und ernst erschien der Vater jedes Mal, wenn man an ihn dachte. Das Bild war unveränderlich.

– Schaut euch euren Vater an!, hatte die Mutter einmal gesagt, Inga erinnerte sich deutlich daran.

Ihn anschauen? Wie denn? Er arbeitete an den zahllosen Obstbäumen. Rolv und sie hatten nachgefragt.

– Seht ihr nicht, wie er arbeitet, hatte die Mutter gesagt. Ich schon.

– Arbeitet?

– Ja, und jetzt müsst ihr auch bald mal ernsthaft mit anpacken. Ich glaube, er erwartet das.

Da durchzuckte einen ein Gedanke: Ist er darum so streng?

Damals hatten sie sich missmutig von der Mutter abgewandt. Aber nicht lange danach begannen sie im Garten mitzuhelfen. Und ihre Hilfe taugte. Aber dann kam das mit Rolv, also dass Rolv wegging. Er war nur noch für ein paar kurze Wochen im Jahr da. Rolv, der in der letzten Zeit so auffahrend geworden war, nicht mehr wiederzuerkennen.

Ingas Mutter stand auf.

– Gut, ich gehe nach Hause und schaue nach dem Essen. Du kannst ja nachkommen.

– Nein, iwo, ich komme mit, ich habe nur gesagt, es eilt nicht.

– Man hat keine Ruhe im Leib, wenn man bis zum letzten Augenblick wartet, finde ich. Das mag zwar seltsam sein, aber egal – also wenn es einem so geht.

– Diese schwüle Hitze, sagte sie noch mal und reckte sich.

Huhu!, rief da jemand drüben bei der Straße. Eine Frau stand da, sie winkte.

Inga erkannte sie sofort.

– Schau mal, die Gudrun. Was ist denn?, rief sie ihr zu. Komm schon!

– Ganz ohne ihren Mann, das gibt es ja selten, sagte ihre Mutter und wartete matt auf die Hinzukommende. Die war schon so nah, dass Mari noch bleiben musste für die paar Worte, die höflicherweise zu wechseln waren, bevor sie gehen konnte. Denn eigentlich wollte die junge Frau zu Inga. – Man gehörte nicht dazu.

Die junge Frau namens Gudrun kam fröhlich herüber und wünschte ihnen einen guten Tag. Kürzlich hatte sie hier auf der Insel einen Lehrer geheiratet, sie war gut mit Inga befreundet, obwohl sie ein paar Jahre älter war.

– Ich war oben auf eurem Hof und hab dich gesucht, Inga, aber ich habe nur Bergit und Jens getroffen.

– Ich will gerade heimgehen, sagte Mari Li. Wir haben uns ein wenig vom Herd frei genommen. Wo ist denn dein Mann heute, Gudrun? Man sieht euch ja nie mal einzeln.

Gudrun lachte glücklich.

– Jetzt sind wir ja nicht mehr ganz *so* frisch verheiratet, weißt du. Das geht schnell.

– Komm mit, wenn du willst. Oder nachdem ihr ein bisschen geredet habt. Du kannst mit uns zu Abend essen.

Die beiden jungen Frauen hörten es wohl: Nachdem ihr ein bisschen geredet habt. Die Ältere stand abseits. Das war Inga klar.

– Danke, sagte Gudrun, aber mein Mann muss ja *auch* was zu essen kriegen. Ich wollte nur Inga …

– Schon gut.

Die paar Worte waren gewechselt. Mari Li konnte gehen. Gudrun war vom Gesicht abzulesen, dass sie wichtige Neuigkeiten hatte. Aber nicht für mich. Uns Alte weihen sie nicht in das ein, was in ihnen brennt.

Sie trat nach einem Zweig, der ihr im Weg lag.

11

Auch Inga sah, dass Gudrun darauf brannte, ihr irgend etwas mitzuteilen.

– Was ist denn, Gudrun?

Gudrun schwieg.

– Sag schon. Ich seh doch, dass was ist.

Ein merkwürdiger, glücklicher Ton entschlüpfte Gudrun, als sie antwortete.

– Es ist *so* groß!, sagte sie.

– Jetzt spinn nicht, was ist es?

– Nur *eine* kleine Sache, weißt du, aber trotzdem so groß. Ich kriege ein Kind, stell dir vor …

– Spinn nicht …

– Ich hab schon seit ein paar Wochen damit gerechnet, aber nichts gesagt, nur zu Ivar. Aber jetzt kann ich es nicht mehr für mich behalten!

Inga war von der Nachricht stark betroffen. Gudrun sprudelte nur so, als sie erzählte.

Allerlei verschiedene Gefühle schienen Inga zu durchziehen. Es war, als ob ihre ältere Freundin vor ihr ganz mächtig wachsen würde.

– Also so was, sagte sie nur.

– Wann denn?, fragte sie dann noch.

– Nächstes Jahr im Frühling irgendwann. Alles wird neu.

– Aha? Ja, mag schon sein. Hast du nicht auch ein bisschen Angst?

– Angst? Nein, warum …! Ich glaub, ich brauch vor *gar nichts* Angst zu haben.

Inga konnte es *sehen*. Wie Gudrun leuchtete. Sie dachte daran, was jetzt in ihr geschah.

– Und was hält Ivar davon? Was hat er gesagt?

– Er hat gesagt, ich soll eine kleine Belohnung bekommen. Ach egal, er … was er sagt, ist egal.

– Was denn jetzt?, fragte Inga.

Gudrun hatte den Mund zu voll genommen.

– Völlig egal, aber du weißt schon, alles andere ist daneben jetzt unwichtig.

– Ja …

– Jetzt zählt nur noch das eine.

– Du hast es mir als Allererster erzählt, stellte Inga fest. Ihr fiel nicht auf, wie kindisch das war.

– O ja … Ich platze fast vor Lust, das zu erzählen. Kannst du dir vorstellen, so was so lange für sich behalten zu müssen! Mit den Leuten zusammen sein, und keiner weiß was davon. Ich hätte es am liebsten rausgeschrien.

Inga sagte zu alldem nur:

– Nein, seltsam. Sobald man es weiß, ändert es für einen irgendwie kaum was …

– Für *mich* verändert es alles, berichtigte Gudrun, sie zog eine Grenze.

Das spürte Inga deutlich genug. Ein bekümmerter Schatten zog kurz über ihr Gesicht. Der Gedanke an den unfassbaren Unterschied, der jetzt zwischen ihnen lag.

– Ja, natürlich ändert es vor allem für dich alles, aber …

– Ich muss jetzt gehen, sagte Gudrun, schon im Aufbruch.

– Nein, geh nicht, sagte die Halbwüchsige, Einsame, Arme, Verträumte.

Die reiche Gudrun sah nichts von alldem. Sie war allzu reich.

– Ja, ich hab nur schnell rüberkommen und es dir erzählen wollen, jetzt muss ich gleich wieder heim.

– Natürlich.

– Denn das ist was, das es für mich nie wieder so geben wird, weißt du.

Es klang wie Jubel.

– Das verstehe ich, sagte Inga. Du, Gudrun, fragte sie schnell, hast du überhaupt keine Angst?

– Nein. Jetzt muss ich aber. Aber horch: Behalt es vorerst für dich, ja? Erst mal wissen nur wir beide davon.

– Ja, und komm bald wieder.

– Komm *du* doch!, rief Gudrun. Sie lief los. Dann blieb sie noch einmal stehen und rief zurück:

– Na ja, ein bisschen vielleicht doch.

– Angst?

– Ja.

– Ja, kann ich mir vorstellen.

– Aber das macht nichts.

Dann drehte sie Inga den Rücken zu und lief weiter.

Inga stand da. Irgendwann im Frühling, dachte sie.

Sie stand still da und dachte an die Männer. Irgendwann will ich auch ein Kind.

So sicher ist das nicht.

Doch, das darf mir niemand verweigern!, dachte sie, trotzig.

12

Dem jungen Mädchen war nicht bewusst, wie lange sie so dort stand. Durchströmt. Dann ging sie los. In der Hand immer noch die länglichen Gewächse ohne Blüten. Durchströmt von kommenden Bildern war sie.

Neben dem Weg wuchs eine dichte Blätterwand. Inga ließ im Vorübergehen die Blicke darüber streichen. Dann blieb sie unvermittelt stehen, zuckte zusammen und rief drauflos:

– Gudrun!

Ohne nachzudenken. Gudrun war ganz sicher außer Hörweite. Konnte nicht zur Hilfe kommen. Eine Bitte um Hilfe lag in dem Ruf.

Von nirgends kam Antwort. Sie konnte keine Hilfe herbeirufen.

Lauf!, schien da etwas in ihr zu kommandieren, aber als sie los wollte, gehorchten ihre Füße nicht. Die Füße waren wie gelähmt. Nicht von der Stelle zu bekommen. Sie starrte auf einen Fleck im Laubwerk neben dem Weg.

Sah ein Auge dort drinnen. Nicht mehr als ein Auge, von dem irgendetwas Lähmendes auszugehen schien. Sie erkannte deutlich, dass das ein Männerauge war. Ihr zugewandt. Ihren Augen. Nichts rührte sich. Da war nur ein Auge, es starrte und flehte.

Helft mir, dachte sie wortlos und sinnlos. Sie verspürte Gefahr. Sie wünschte sich so dringend Hilfe herbei, dass sie welche zu bekommen meinte. Das machte ihr genügend Mut, dass sie den Arm heben und ins Laub deuten konnte:

– Wer ist da?

Nichts rührte sich.

– Wer liegt da?, fragte sie. Eine Frage aus tiefer Not und Furcht.

Nichts rührte sich. Nichts antwortete.

– Komm raus!, rief sie, – ich will wissen, wer da ist!

Und das hatte sofort eine Wirkung. Das Laub da drinnen regte sich. Das Gesträuch wurde von Männerhänden beiseitegeschoben. Ein Mann kam herausgeklettert und trat auf den Weg. Ein gut aussehender, gut gekleideter Mann, ihr unbekannt. Die Angst fiel von Inga ab. Wurde ersetzt von unendlicher Erleichterung. Was um alles in der Welt hatte sie nur gedacht? Sie wusste es nicht. Dumme, plötzliche Einbildung. Sie atmete tief auf. Da bemerkte sie an dessen Verhalten, dass der Unbekannte sie selbst wohl noch gar nicht gesehen hatte.

Er kam auf den Weg, den Rücken ihr zugewandt, und wollte gleich losgehen. Als hätte er sie überhaupt nicht bemerkt. Er schaute in die Luft:

– Nein, so was hab ich noch nie gesehen …

– Was denn?, brach es aus Inga hervor, unwillig.

Da auf einmal sah der Mann sie. Drehte sich um und richtete seinen Blick auf sie. Augen, erfüllt von einem eigenartigen Licht. Einer fremdartigen Strömung. Inga kam nicht auf die Idee, dass das Wahnsinn sein könnte. Dass der Geist hinter diesen Augen verbrannt war. Außerdem standen die in einem allzu schönen Mannsgesicht.

Der Mann schien sie jetzt auf einmal zu bemerken und fragte höflich:

– Entschuldigung, haben Sie etwas gesagt?

– Nein ich hab nur …, brachte Inga verwirrt heraus, nein, nichts. Ich hab nur gesagt …

Der Mann lächelte berückend.

– Und ich habe wohl gesagt, dass ich noch nie eine so grüne Insel gesehen habe. Wirklich. Ich kann mich nicht an etwas derart Üppiges erinnern.

Inga war erleichtert und froh. Befreit von dem Schreck. Stand da, die langen Halme in der Hand. Sie stellte sich so vorteilhaft hin, wie sie konnte, und fragte:

– Sind Sie noch nie hier gewesen?

Sie dachte: Er sieht, dass ich schön bin. Das hat er sofort gesehen. Warum hat er da im Unterholz gelegen? Na, muss er dürfen. Aber ich war dumm, dass ich so erschrocken bin.

Sie ließ die langen Halme sachte schwingen, wie ein Pendel, neben ihren Knien. Er bemerkte die Pflanzen.

– Nein, ich bin noch nie hier gewesen, sagte er. Aber das war wohl dumm von mir, denn ich suche Pflanzen, und ich habe noch nie so viele Arten an einer Stelle gesehen wie hier.

Inga sagte erfreut:

– Oh! Sie sammeln Pflanzen?

Sie dachte:

Dass wir dieselben Vorlieben haben …

Seinen verrückten Augen waren die Pflanzen sofort aufgefallen. In seinem Gehirn war spontan ein entscheidender Plan entstanden. Blitzschnell.

– Ja, ich sammle Pflanzen, sagte er, und hier habe ich schon etliche gesehen, die mir ganz neu sind und die ich mir später noch sichern möchte. Haben Sie möglicherweise auch so viel Freude daran wie ich?

– So viel Freude wie Sie?

Die Frage stellte sie nicht, weil sie es nicht verstanden hätte, sondern weil es so hinreißend war, es zu wiederholen. Sie stand ganz im Bann des eigenartigen Lichtes in seinen Augen. Dieses Glanzes, den sie nicht einordnen konnte. Das war einfach zu schön – der Mann war so schön, dass alles an ihm schön sein musste, meinte sie.

Er deutete auf die Stiele, die gegen Ingas Knie stießen:

– Ich kann ja sehen, dass Sie Freude daran haben, seltene Gewächse zu sammeln. Da sind Sie ja sicher glücklich, dass Sie an so einem Ort leben.

Sie hörte es mit Entzücken.

– Ja, bin ich, sagte sie.

Und ich bin es *wirklich*!, dachte sie für sich. Ich habe mich immer wohl gefühlt.

– Ich sehe ja, hier kann man tatsächlich Seltenheiten finden, fuhr er fort. Wenn man nur etwas mehr Zeit hätte, um genauer nachzusehen und sie zu sammeln. Ich bin gerade vorhin erst gelandet.

– Oh! Sie sind gerade gelandet. Dann haben Sie noch nicht viel von dem gesehen, was wir hier haben.

– Aha? Ja, das kann ich ja nicht wissen …

– Nein, können Sie nicht. Sie hätten früher im Jahr kommen sollen. Im Sommer gibt es am meisten.

Er sagte bloß:

– Besonders schade ist, dass ich gleich weiter muss, ich kann mich nicht lang aufhalten.

– Ach doch, bitte!, brach es aus ihr hervor.

Er schüttelte nur den Kopf.

– Leben Sie wohl, nickte er, ich werde versuchen, irgendwann einmal wiederzukommen. Es ist nur fraglich, ob ich Gelegenheit dazu haben werde.

Er machte Anstalten weiterzugehen. Ließ sich damit viel Zeit, aber das fiel ihr nicht auf. Er sollte nicht gleich wieder gehen, sie waren sich gerade erst begegnet, dachte sie.

– Kann das Boot unten nicht ein *ganz klein bisschen* warten, bettelte sie.

– Nein, antwortete er, das lohnt nicht. Es liegt nicht nur am Boot, ich habe auch wenig Zeit.

Ihr fiel etwas ein:

– Aber ich würde Ihnen gern ein paar Pflanzen zeigen, ganz in der Nähe, wenigstens das. Kommen Sie mit, es dauert auch nicht lange, ich weiß, wo sie stehen.

– Danke, aber vielleicht habe ich sie schon gesehen, außerdem … Leben Sie wohl.

– *Die* haben Sie nicht gesehen!, sagte sie rasch, das weiß ich. Man muss sich hier gut auskennen dafür. Sie stehen unter einer kleinen Felswand.

– Danke, aber …

– Sie müssen die sehen!, sagte sie begehrlich. Ganz genau solche müssen Sie sehen. Kein Mensch auf der ganzen Insel schert sich darum, niemand außer mir, darum möchte ich das so gern. Ich habe noch nie jemanden getroffen, der auch so viel Freude daran hat.

Das stimmt wirklich!, dachte sie bei sich, und ich will auch noch mehr von ihm sehen, das ist es wohl auch. Ja, wahrscheinlich *vor allem* das. Sieht er nicht, dass ich hübsch bin? Hat das keine Wirkung auf ihn? Was soll ich tun, damit er es sieht, damit er bleibt?

Er hatte ihren Worten zugehört. Sein verbranntes Hirn arbeitete und funktionierte präzise. Er hatte den richtigen Griff getan. Alles erkannt. Rasch und sicher.

– Ja, da kann ich natürlich nicht nein sagen, sagte er

und machte ein großes, strahlendes Gesicht, und sie stand da ganz blind und froh.

– Das ist gut, sagte sie, leise und voller Dank.

– Dann lasse ich das Boot eben ein Viertelstündchen warten oder so. Ob das genügt?

Ein Viertelstündchen? Ach, so kurz!, dachte sie. Und antwortete:

– Ja! Es ist gleich in der Nähe. Aber auch ziemlich versteckt.

Er nickte.

– Genau, sagte er. Solche Pflanzen stehen an solchen Orten. Hier entlang?

– Nein, hier. Kommen Sie.

Sie ging los. Jetzt gehe ich neben diesem Mann, dachte sie. Ihr Herz schlug kräftig.

Andreas Vest –?

Nein, sein Name wurde nicht mehr gerufen. Dunkle, unkenntliche Dinge rasten durch seinen Kopf – und dann glitzerte immer wieder eine Art weißer Blitz auf und zeigte ihm, was er zu tun und zu sagen hatte. Keine Sekunde brauchte er zu zweifeln. Und mitten darin rasten die Dinge wie ein dunkler Strom durch Untiefen und Klüfte. Übermächtig stark. Das junge Mädchen war dem Untergang geweiht.

Voller Freude über das, was hier geschah, sagte sie – deutete es aber in Liebe zu dieser grünen Insel um, die so seltene Gewächse zu bieten hatte:

– Ich habe mein ganzes Leben auf dieser Insel verbracht. Bin hier geboren und aufgewachsen.

– Da müssen Sie wirklich glücklich sein, denke ich, sagte er. – Das muss man doch einfach.

Glücklich, hat er gesagt, war das nicht schon das zweite Mal, dass er dieses Wort gebrauchte? Und ja, sie war glücklich. In der Rückschau dachte sie, sie sei es immer gewesen. Das begreife ich jetzt.

Sie gingen den Pfad entlang. Inga sagte unvermittelt:

– Aber was ich mich erschrocken habe, als ich Sie da in den Büschen sah! Ich glaubte, Sie hätten ganz still gelegen. Ich glaubte, ich würde ein Auge sehen und sonst nichts.

Der hübsche Mann lachte dem hübschen Mädchen zu.

– Natürlich musste ich ganz still stehen, sagte er. Auf einmal entdeckte ich Sie, und dann stand ich ganz still.

Ich bin glücklich, dachte sie.

– Hier müssen wir abbiegen, sagte sie, als ob sie nichts gehört hätte. – Wir müssen vom Weg ab und da durchs Wäldchen. Sie wachsen unter einem kleinen Felsen.

Sie verließen den Weg. Das Laub schloss sich hinter ihnen.

13

Eine Minute, höchstens, war der Weg leer. Dann bewegten dieselben Sträucher sich zur Seite, und Kari Nes kam heraus. Schwarz gekleidet, tief in Gedanken. Sie war da und doch nicht da. Und wie sie jetzt auf dem Weg stand, starr wie eine Statue, verstärkte das die schlagende Stille noch, es war wunderlich und beklemmend.

Nach kurzem Überlegen sagte sie an den Wald gewandt, aus dem sie gekommen war:

– Es fällt kein Spatz auf die Erde ohne Gottes Willen.

Sie lauschte gewissermaßen, ob jemand das bestritt oder vielleicht sagte, ja, ja, so ist es! Kari Nes …

Es kam keine Antwort. Wieder füllte sie die Totenstille mit ihrer eigenen Stimme, mit abgebrochenen Sätzen:

– Es fällt kein Spatz …

– Kann das denn so *sein*? …

– Wenn ihr Glauben hättet wie ein Senfkorn!, sagte sie eindringlich.

*

Haug und Dal kamen irgendwo im Wäldchen angestapft. Sie hatten die erste Beschämung wegen ihres Rausches überwunden und gingen jetzt freimütig einher, jeder eine leere Bierflasche in der Hand. Haug sagte fröhlich:

– Gar nicht so leicht, aus diesem gesegneten Wald rauszukommen, finde ich.

– Ja, sagte Dal, – ein Skål auf unsere Insel, mit allem, was drauf lebt!

– Du, sagte Haug unvermittelt, – die Frau von dem Ivar, die kriegt wohl was Kleines.

– Gudrun?

– Ja, heißt es.

Sie fuhren zusammen, denn sie hörten etwas hinter sich im Gesträuch, ganz nah. Eine Stimme sprach laut und deutlich:

– Gott helfe mir zu glauben.

Sie fröstelten und schauten einander an.

– Wer war jetzt das?

– Ich glaube, Kari Nes.

– Kari Nes, natürlich. Die werden wir nie los.

Sie hielten nach ihr Ausschau, nach dieser klaren Stimme, die sie in Unruhe versetzte. Wegen des Blattwerks zwischen ihnen bekamen sie sie nicht zu Gesicht.

Sie zauderten kurz.

– Was sollen wir mit der nur anfangen?

– Mit Kari Nes?

– Ja, das geht doch so nicht weiter.

Sie versuchten, einen klaren Kopf zu kriegen, damit sie etwas rausfanden. Diese Stimme hatte alle Bierseligkeit durchgepflügt.

– Nein, das geht nicht mehr so weiter, aber …

Heute würden sie in dieser Sache keinen Ratschluss treffen, die Frage wurde einstweilen vertagt.

*

Rolv wanderte ungeduldig herum. Er hatte sein Hemd aufgeknöpft, aber es war dadurch nicht weniger stickig. Inga war zur Mutter gegangen. Ihn selbst trieb es auf und ab.

Ich kann Else nicht mehr länger belügen. Sie sieht doch, dass ich lüge …

Dann hielt er jäh inne. Hatte einen Busch umrundet und war unvermittelt auf Haug und Dal gestoßen. Wäre ums Haar Kopf an Kopf mit Haugs freundlichem, angetrunkenem Gesicht zusammengestoßen.

– Na, Junge?, sagten die beiden, so tief in Gedanken?

Sie wollten noch mehr sagen, verstummten aber. Rolv blieb ebenso stumm.

– Schaut mal, da ist sie.

Ein Stück weiter war Kari Nes aufgetaucht. Sie sah die drei nicht, die immer noch durch Gesträuch verborgen waren. Kari starrte in eine Richtung, als hätte sie dort jemanden gesehen, und dann ertönt wieder ihre Stimme, es verschlug einem den Atem:

– Aber ich hab so grässlich Angst …

Sie standen reglos da. Standen einfach nur da, standen da und lauschten und warteten, was noch käme. Ein unbegreifliches, atemloses Warten – was wird –?

Was war das? Kaum war Kari Nes' Stimme verklungen, rauschte ein großer, dunkler Schirm aus der Luft herab. Wie eine gewaltige schwarze, ausgespannte und verletzliche Blüte. Traf am Boden auf und war weg. Ein *Schrei.*

Alle, die in der Nähe waren, schauten sich um und lauschten bestürzt. Fuhren auf und standen da. Betäubt, sie lauschten nach weiteren Tönen. Aber es gab nur den einzigen großen Schrei.

Einen schneidenden Schrei, der sich auffaltete und herabstürzte und mitten zwischen ihnen wie eine dunkle Haut zerplatzte. Eine sekundenlange Dämmerung mitten am Tage.

Durch das Laub ertönte die Stimme der Kari Nes, verloren und einsam und wissend:

– Das war Inga, sie ist von uns gegangen.

Aus einer anderen Richtung durchbrach eine verdoppelte Männerstimme die atemlose Stille: Haug und Dal, die es auch begriffen hatten.

– Das war *Mord*!

– Sagt allen Bescheid!

Das Wort tönte aus dem Wäldchen bis zu allen in der Nähe. Überall waren Leute, auf Vortreppen und Hofplätzen nahebei. Das Wort wurde wiederholt und wurde dabei so lebendig und greifbar, als würde es wie ein eigenes Geschöpf aus dem Boden sprießen. Der *Mord* selbst. In Mannsgestalt. Stand da mit einem Grinsen.

Die Leute sahen es, wo sie auch waren. Alle, die das Wort hörten, wurden davon mitgerissen. Nein, sie sahen es nicht, aber spürten es so, dass es Form annahm.

Kurz standen alle da und starrten. Haug und Dal und Rolv und wer auch sonst, dann rief irgendwer:

– Schaut *nach*!

Das griff. Der Schrei war ganz aus der Nähe gekommen, sie stürmten los, um der zu helfen, die ihn in ihrer Not ausgestoßen hatte. Ins Gebüsch. Dort herrschte gleich Gedränge. Von zwei, drei Seiten kamen Leute. Sie stießen auf die Tote. Jede Hilfe war zu spät. Und dann stießen sie auf einen fremden, verwirrten Mann, der wie blind mitten zwischen die Leute hereinrannte, und vorbei, und blitzschnell weg.

Sie spürten einfach, das war der Mörder, und seine Hast griff auf sie über.

– Das ist er! Haltet ihn auf! Fangt ihn ein!

Jemand kümmerte sich um das erschlagene Mädchen.

Haug und Dal hatten die Eingebung dazu. Ihr Rausch war verflogen.

Die anderen rannten los. Rolv an der Spitze. Kari Nes war verschwunden, jedenfalls nicht mehr zu sehen.

Inga …

Eine wilde Raserei ergriff sie. Sie wussten nicht, dass so etwas im Handumdrehen geschehen konnte. Aber jetzt. Sie stürmten drauf zu, wurden immer mehr, ein Rudel. Gefolgt von diesem unsichtbaren Geschöpf, das der Ruf *Mord* hervorgerufen hatte. Es lief mit ihnen mit.

– Fangt den Mörder!

– Sagt überall Bescheid!

Sie hätten nie gedacht, dass so etwas vom einen zum anderen überspringen kann wie Feuer im Stroh. Das tat es aber. Sie kamen von allen Seiten. Alles bekannte Leute von der Insel. Sie tauchten auf, eine namenlose Jägerschar.

In den Wald hinein, in dem der Mann verschwunden war. Dort rannten sie in etwas Hochgewachsenes und Dunkles hinein. Kari Nes. Hoch aufgerichtet stand sie da.

Sie hörten nicht, was sie sagte.

14

Andreas Vest!

Jetzt glaubte er es wieder zu hören. Aber nicht freundlich nach vorn lockend, sondern als gedämpftes Hundegebell hinter sich. All das Zerstörte in ihm pochte und arbeitete rasend. Die Angst, die ihn in dem Moment gepackt hatte, als die Tat geschehen war. Blitze zuckten auf und ließen die schlimmen Bilder klar vor ihm stehen – dann legte sich wieder Dämmer darüber.

Unterdessen rannte er. Rannte, rannte. Die Schar der Jäger war dicht hinter ihm. Sinnlos tönten die Rufe in seinem Rücken:

Andreas!

Wer kennt meinen Namen?

Nein, sie riefen wohl keinen Namen. Er rannte.

*

Die Jäger eilten hinterdrein. Aufs Geratewohl. Sie hatten den, den sie jagten, noch nicht gesehen – außer kurz am Ort der Tat. Doch dort nur flüchtig wie einen Schatten. Und jetzt war er schlau genug, sich im dichtesten Unterholz zu halten. Aber er musste heraus. Er konnte gar nicht davonkommen, er befand sich auf einer kleinen Insel.

Der Gedanke daran erregte sie: Er muss uns einfach in die Hände fallen.

Da rief eine Frau:

– Hierher, ich hab ihn gesehen! Er ist hässlich wie der Teufel! Kommt! Fangt ihn.

Sie rannte kreischend weiter. Der schöne große Fremde hatte sich vor ihren Augen verwandelt. Sofort liefen sie ihr nach.

Immer neue Leute schlossen sich an. Bekannte, ruhige Leute. Jetzt wie verwandelt. Vier Mann kamen aus der entgegengesetzten Richtung geschossen und riefen:

– Die Boote! Stellt bei den Booten Wachen auf.

Zwei Frauen riefen:

– Der weiß ja, dass er auf einer Insel ist! Er kann nicht fliegen.

Dann stolperte ein Mensch aus einem Seitenpfad – ein anderer Mensch dicht auf seinen Fersen. Sie stürmten quer durch die Schar der anderen. Der Mörder! Rolv hinter ihm. Dann strauchelte Rolv über eine Wurzel, und der Gejagte entkam. Schoss davon und verschwand. Sie wachten auf:

– Da war er!

– Wo?

Rolv kam wieder auf die Beine. Sein Gesicht unkenntlich. Geschwollen von Trauer und Wut.

– Seid ihr denn blind!, rief er.

Eine Frau fuchtelte mit den Armen:

– Ich habe ihn gesehen! Hässlich wie … So was hab ich noch nie gesehen.

Rolv wirkte wie eine Feuersbrunst. Er entzündete alles um sich herum. Sie sahen ihn, sie folgten ihm. Er rief:

– Na los schon! Da, da! Habt ihr keine Augen im Kopf …

Er stürzte ins Unterholz.

Sie verfolgten, was sie nicht sahen, aber überdeutlich spürten. Den Mord selbst. Die Sünde. Das Unglück. Die

Dämonen … Sie hatten keinen Namen dafür, nur ein Gefühl. Es peitschte sie auf. Übernahm die Zügel.

Vor sich sahen sie niemanden. Er war wieder im Erdboden verschwunden. Irgendwann würde er schon wieder hervorkommen, dachten sie.

– Wissen auch alle Bescheid?

15

Es gab tatsächlich Leute, die dafür sorgten, dass alle davon erfuhren. Es machte rasch die Runde auf der dicht bewohnten Insel.

Da saßen die glückliche Gudrun und ihr Mann Ivar. Ein Mann von der Insel auch er, und Lehrer hier. Sie saßen auf *einem* Stuhl.

– Weißt du, was ich vorhin gemacht hab? Ich hab Inga von dem Geheimnis erzählt.

– Ah ja, sagte Ivar. Anderen sicher auch, denke ich mir?

– O nein. Es soll ein Geheimnis sein, und das bleibt es auch. Aber ich werde dafür sorgen, dass die Leute möglichst bald *sehen*, was ist. Du verstehst ja von all dem nichts.

– Mag schon sein …

– Was hast du?

Ivar war so jäh von dem Stuhl aufgesprungen, dass Gudrun zu Boden stürzte.

– Um Himmels willen, was ist?, fragte er.

Ein Nachbar hatte den Kopf hereingesteckt. Starr, denn er war zusammen mit Dem Mord.

– Kommt schnell! Jemand hat Inga ermordet!, rief er.

Eine Sekunde Stille. Dann zündete es. Das rasende Feuer, nicht augenblicklich zu begreifen, es zündete einfach und loderte empor. Sie liefen aus dem Haus.

Gudrun rief:

– Ich hab ihr doch vor kaum zwei Stunden … nein, ist das … das kann nicht sein …

Der Nachbar berichtete im Lauf:

– Und unser Polizist ist verreist. Niemand kann die Verfolgung organisieren.

Die Wildheit hatte Ivar ganz ergriffen:

– Na und, der entkommt uns nicht.

Sie stürzten die grünen Wiesen hinab und in die lichten Haine – ringsum die stille See. Weit draußen schimmerten andere Inseln. Dort wusste man von nichts.

Auf Li mühten sie sich, die toten Sauen aus dem Brunnen zu bergen. Die Ferkel in den Koben grunzten und quiekten, sie hatten ihre Mutter verloren. Über die Neugeborenen wurde streng gewacht, Bergit selbst achtete darauf, dass keines mehr gefressen wurde.

Der Eber rannte grunzend in seinem Verschlag im Kreis. Hatte wieder Macht über seinen Körper. War aufgewühlt, hässlich. Ließ ein wenig Holz splittern. Niemand kümmerte sich darum, er würde nicht herauskommen.

Jens und der Schweineschneider machten sich beim Brunnen zu schaffen. Helga half ihnen, und sie hatten dazu noch den nächsten Nachbarn herbeigerufen. Einer von ihnen wurde hinabgelassen und befestigte starke Seile um die Leichname. Danach zogen sie mit aller Kraft, der massige, grauweiße Leib stieg auf, wälzte sich über den Rand und plumpste schwer ins Gras. Mit gebrochenem Hals, der Abgrund in der Stirn leer und kalt und finster ein für alle Mal.

Jens dachte mürrisch an den erlittenen Schaden. Der Trollzauber von vorhin war völlig vergangen, jetzt waren das nichts mehr als zwei verunfallte Zuchttiere. Ein klarer, schmerzhafter Verlust, mit dem es zurechtzukommen galt. Verlust statt Lohn für Arbeit und Aufwand.

Noch eine Weile, und sie hatten auch die zweite Sau geborgen. Aber weiter kamen sie nicht. Während sie da standen angesichts der stillen, kalten Wahrheit dieses Verlustes, wurden hinter ihnen Rufe laut.

Ein Nachbar kam gelaufen, schaute sich scheu um, zum Haus von Karl und Mari, sah keinen von beiden und rief überschnappend:

– Kommt, helft den Mörder fangen …

– Den Mörder? Das Wort legte sich über sie.

– Ja! Jemand hat Inga umgebracht!, sagte der Mann. Ihr müsst es ihnen erzählen!

Und nickte zum Haus der Bauersleute hinauf.

Mit einem Schrei lief Helga in die Scheune zu ihrer Mutter. Jens wurde blass. Inga?

– Und der Mann ist noch frei! Kommt, kommt!

Da war das Feuer. Es schlug empor. Schon rannten sie. Dann hielt der Nachbar inne:

– Ihr müsst es ihnen erzählen. Sie sind doch zu Hause?

– Nur Mari. Karl ist heute in der Stadt. Erzähl du es ihnen!

– Nein!

Da kamen Bergit und Helga. Verstört.

– Du musst rein und es ihr sagen, sagte Jens zu Bergit.

Ja, das war so selbstverständlich ihre Aufgabe, dass sie nichts dagegen sagte.

Die anderen rannten schon davon.

Bergit stand da, die Aufgabe vor sich.

In jedem Haus zündete das Feuer. Wo Kinder waren, konnten nicht alle weg. Jemand musste dableiben. Frauen. Alle anderen liefen los. Den Jugendlichen wurde in aller Hast verboten, das Haus zu verlassen, aber das war ihnen egal, sie gesellten sich zu den Erwachsenen.

Es kam zu allen. An einem einsamen Tisch saß ein mürrisches Paar vor seiner Suppe. Die Frau hatte ihren Mann im Auge und suchte nach einer Gelegenheit zum Streit.

– Wie ist die Suppe heute?

– Oh …

– Ich sag's ja, ich werde nie erleben, dass du mit meinem Essen zufrieden bist. Dass es mal gut genug für dich ist.

Der Mann rührte mit dem Löffel in der Suppe. Verdrossen.

– Gut genug, gut genug …, setzte er an, kam aber nicht weiter: Der junge Mann von der Rodung platzte herein – fast hätte er die Tür mit aus den Angeln gehoben. Erdverschmiert. Das Gesicht verzerrt, nicht wiederzuerkennen. Die Raserei saß in ihm. Er brachte dieses Feuer mit, das sofort übergriff.

– Auf mit euch!, rief er, ohne den Grund überhaupt genannt zu haben.

– Was?

– Ein Mädchen ist umgebracht worden. Kommt!

Die Frau sprang auf.

– Jesses, *wer*?

– Das Mädchen vom Li-Bauern. Wir müssen den Kerl einfangen, er ist noch frei!

Schon war das Feuer im Haus.

Nicht mehr denken. Nur noch losrennen, sich den anderen anschließen.

Draußen hörten sie Gelärm aus einiger Entfernung.

– *Da drüben, da*!, sagte der Junge, ihn einfangen, er ist noch frei …

Es war zu hören, wie sehr er demjenigen, der da gejagt wurde, ans Leben wollte. Wer das hörte, bemerkte es sofort. Ein Feuer aus der Unterwelt. Horcht! Es rührte sich heiß in allen: Auf zur Jagd …

16

Haug und Dal brachten Inga nach Hause. Konnten vorerst nicht an der Jagd teilnehmen. Ein Mann war zur Nachbarinsel gesandt worden, den Arzt holen. Hier war kein Leben mehr zu retten, dennoch.

Sie gingen einher. Mit einer in aller Hast zusammengezimmerten Bahre. Hörten seitwärts die Jagd durch den Wald sausen. Sie spürten den Kitzel, teilzunehmen. Sie waren nicht mehr betrunken. Der Zustand hatte ihnen eigenartige Gesichter verliehen.

Als der Tumult plötzlich lauter wurde, setzten sie die Bahre ab:

– Jetzt kriegen sie ihn.

– Nein, das war noch nichts, sagten sie, hoben die Bahre wieder an und gingen hastig weiter. Richtung Li.

Von der Bierseligkeit war nur eine Schwere in den Gliedern geblieben. Ihre kräftigen Arme hielten die Bahre gepackt. Das Mädchen wog nicht viel, eine Feder.

Sie grausten sich davor, anzukommen. In einem Wäldchen setzten sie die Bahre ab, und Dal ging zum Hofplatz hinauf, um zu sehen, ob im Nebenhaus jemand war. Beim Brunnen lagen zwei tote Sauen im Gras. Merkwürdig.

Drinnen traf er Bergit an. Sie war zu Hause. Saß starr und steif da. Dal konnte sehen, sie wusste es schon.

– Wir bringen sie gerade.

– Ja, geht rein. Mari ist allein drinnen.

– Weiß sie schon?

Bergit nickte.

– Ja, jetzt weiß sie es. Ich war bei ihr.

– Gut.

Er wollte wieder hinaus, konnte aber eine Frage nicht unterdrücken:

– Was ist denn mit den beiden Sauen?

– Ach … Die sind durchgedreht.

Sie sagte es abwehrend. Er schämte sich und ging rasch zurück zu Haug.

Dann trugen sie sie weiter, über Stumpf und Stein. Federleicht.

Mari Li hatte sie kommen sehen und trat ihnen auf dem Hofplatz entgegen. Ihr war nicht groß was anzumerken. Sie dankten Bergit insgeheim, dass sie ihnen zuvorgekommen war.

– Wo ist Rolv?, fragte die Mutter nach einem kurzen Augenblick.

– Er fängt den Mann ein, antworteten sie und spürten dabei sofort den Drang, mitzumachen.

– Wir suchen jetzt auch gleich mit.

– Wo sollen wir sie hinlegen?

Der Weg wurde ihnen gewiesen. In eine irgendwie blasse Jungmädchenkammer im ersten Stock des alten Hauses.

Seltsam dort. Sie bewegten sich schweigend. Begriffen es nicht. So wollte Inga ihr Zimmer haben, dachten sie.

– Wir müssen schnell los und auch mitsuchen!, sagten sie und nahmen die hässliche Bahre mit.

Sie lauschten. Wilde Jagd dort drüben. Sie rannten, um sich anzuschließen. Und um es abzuschütteln. Von sich abzuschütteln.

17

Jetzt wurde auch Karl Li zu Hause erwartet. Von seinen kurzen Ausflügen in die Stadt kam er zu einer festen Zeit zurück.

Mari Li ging auf den Hofplatz hinaus und lauschte. Rolv war noch nicht nach Hause gekommen. Irgendwo im Wald drüben hörte sie Geschrei und Rufe. Auf Li waren nur sie und Bergit. Helga war auch los. Bergit hatte sich in ihrer Wohnstube verkrochen, nachdem sie die Nachricht überbracht hatte.

Ein Motor tuckerte. Das war wahrscheinlich Karl. Mari Li ging zu dem kleinen Anleger hinab. Unterwegs hörte sie, wie die Jagd durch den Wald und hinter den Hügeln entlangging. Was war das für ein Mann, dass es ihm gelang, immer wieder zu entkommen? Er schien so geschickt wie ein wildes Tier darin, Deckung zu finden.

Schwer zu sagen, woran Mari Li dachte, wie sie da stand. Besonders in Aufruhr waren ihre Gedanken noch nicht. Stattdessen war es die erste saugende Stille nach dem Schlag.

Vergebens, dachte sie betäubt. Alles vergebens.

Man dreht und wendet sie und gibt auf sie tausend und aber tausend Mal acht – und dann sind sie fort, kaum dass man sie hochgebracht hat.

Schau, jetzt landet er da unten. Er weiß noch nichts. Jetzt darf er sich nicht mehr lange sicher und ruhig fühlen. Dieses Mal wird es auch ihn aus dem Gleichgewicht bringen.

Inga ist tot.

Die Gedanken kamen ruckweise. Dann standen sie wieder still, bevor sie sich zu etwas Zusammenhängendem formten.

Schau, er hat einen Mann im Boot mitgenommen. Schau, sie lachen. Karl lacht. Diesem Lachen werde ich ein Ende bereiten. – Gott helfe mir, sind wir so weit voneinander entfernt, dass ich *so* denke?

Ich brauche ihn doch jetzt. Eben seine Ruhe und Kraft. Darf ihn nicht verlieren.

Ihn verlieren? Wer redet davon? Niemand, dachte sie, aber ich darf ihn nicht verlieren.

Jetzt gingen sie an Land da unten an dem alten, schiefen Anleger. Der Mann, der hatte mitfahren dürfen, ging seines Wegs. Karl kam herauf.

Er schrak zusammen, als er seine Frau warten sah. Ganz offensichtlich war etwas Ungewöhnliches an ihr.

– Was ist?

Sie brachte es doch nicht über sich, es so geradeheraus zu sagen wie vorgehabt, sie sagte:

– Jetzt musst du dich wappnen, Karl.

Er erschrak zutiefst. Sie dachte daran, was für ein Schauder ihn jetzt durchlaufen musste. Wie er in aller Hast Raum dafür suchte, die Trauer entgegenzunehmen. So viel Platz, dass es ihn gerade doch nicht sprengte.

Das ist jetzt sehr fürsorglich von dir, dachte sie für sich.

– Sag.

Sie sagte es. Sah, wie es ihn traf. Aber er hatte so viel Raum geschaffen, es genügte. Er konnte sich auf den Beinen halten und die Nachricht tief drinnen einziehen lassen.

So standen sie da.

Dann brach die Jagd Hals über Kopf zu ihnen heran. Rufe und Gekreisch. Ein Teil der Meute war nahebei.

– Sie jagen ihn, brachte sie stotternd hervor, wie beschämt über die wilden Rufe, die von diesen sonst zurückhaltenden Leuten zu hören waren.

Karl Li wand sich. Alles war hässlich, nicht wiederzuerkennen. Irgendwie fremd für den Gedankengang, den er hatte einrichten müssen. Er lauschte dem rohen Blutdurst in den Rufen, die von den anderen ausgestoßen wurden:

– Er ist da entlang!

– Nein, da!

– Hier?

Dann ein rasendes Kommando:

– Dann ihm nach, gottverflucht!

Karl Li fuhr zusammen. Diese Kommandostimme, das war Rolv, sein Sohn. Da rannte er wie von Sinnen einher und fluchte Gott.

– Wo ist Rolv?

Sie hatte diese Stimme nicht erkannt, aber sie antwortete furchtsam:

– Er ist mit dabei.

– Sie sind ganz von Sinnen, fügte sie noch hinzu.

Drei Mann brachen aus dem Gebüsch hervor. Bekannte, aber unkenntlich, da der Mord gleichsam neben ihnen einherjagte und ihre Wildheit von Grund an aufwühlte. Sie nahmen die beiden Eltern überhaupt nicht wahr, riefen nur:

– Eben war er noch hier! Passt auf das Boot auf! Er ist im Wäldchen!

Ihr Schrei wehte Karl Li mit dem Feuer an, das in ihnen brannte, er wollte sofort mitlaufen.

Mari griff nach ihm.

– Wo willst du hin? Misch dich da nicht ein, du musst nach Hause mitkommen.

Die Spannung fiel von ihm ab

– Na gut, sagte er nur. Beugte den Nacken.

Sie standen noch etwas da. Sie würden jetzt nach Hause gehen.

Die Jagd ging immer noch drüben durch den Wald. Die Jäger bewegten sich voran. Aber sie waren auf der falschen Fährte. Der Mann war hier. Er brach aus dem Gesträuch hervor und lief dicht an ihnen vorbei. Trotz aller Hast nahm er wohl wahr, dass diese beiden ihm nicht an den Kragen wollten, er blieb stehen und flehte ohne weiteres, keuchend, atemlos:

– Helft mir!

Seine Augen standen ihm flackernd und funkelnd im Gesicht. Hinter ihnen war alles zusammengebrochen. Das waren nicht die Augen eines, der bei klaren Sinnen ist, sondern die von einem, den das Unglück zerstört hat.

Karl Li fragte:

– *Wer bist du*?

Seine Frau rief:

– Himmel, das ist er!

Der Mann verschwand wie ein Pfeil. Mit ganz wundersam langen Sätzen.

Mari Li sagte:

– Das war er!

– Ja, ganz offensichtlich. Hast du gesehen, der ist nicht bei sich.

Nicht bei sich. Das war wohl Unsinn, aber sie verspürten eine gewisse Erleichterung. Es war die Tat eines, der den Verstand verloren hatte. Dann war es nicht ganz so grässlich.

Wieder raschelte und ruckte es im Gebüsch. Rolv kam.

– Hier lang, hier lang!, rief er jemandem hinter sich zu, den er kurz erblickte.

Karl Li rief:

– Rolv, bleib kurz stehen!

Rolv hörte es nicht. Er war ein Hund auf der Fährte. Verschwand.

Seine Eltern standen da. Fassungslos. Stumm. Sie würden nach Hause gehen. Zu Hause lag Inga. Man musste der Wahrheit ins Gesicht sehen.

Endlich sagte Mari:

– War das auch Gottes Wille?

Ihr Mann hörte eine Art anklagenden Ton. Es war gewiss nicht so gemeint, aber sie sagte es so. Er antwortete hart und abweisend:

– Woher soll ich das wissen.

Sie gingen nach Hause.

18

Rolv war es, von dem das Feuer in der wilden Jagd ausging. Er war der Einheizer. Der Funken. Allein durch die Art, wie er einhersprang. Blind für dieses Rennen. Stumm. Mit einem wie verwandelten Gesicht.

Mal war er allen voraus, mal mitten in dem Haufen, mal dahinter. Sie sahen ihn an und wurden mitgerissen – weil er so aussah, und er war der Bruder der Ermordeten. Aber vor allem, weil er so wild aussah. Das beschwor ein Echo tief in ihnen. Etwas war hier und jetzt zu tun. Da war der Drang, etwas Gewagtes, Übles zu tun.

Den Täter fangen und ihn der Polizei übergeben? Das war nicht genug. *Das* würde nicht stillen, was in ihnen aus dem Schatten hervorgetreten war. Sie wären nicht satt und bereit, sich wieder zu beruhigen.

Nein. Nur sein *Leben* konnte den Drang stillen.

Da flieht etwas Verzweifeltes, etwas Lebendiges. Fangt es …

Immer weniger wussten sie für sich selbst, warum sie so nach Blut trachteten. Aber sie trachteten dem, den sie jagten, nach dem Blut. Und würden es bald bekommen. Lange konnte er ihnen nicht mehr entgehen. Sie sahen Rolv an, während sie rannten. Öffneten sich ihm, damit sie noch zügelloser wurden. Riefen und schrien. Er selbst rannte stumm. Sie stürmten alle miteinander auf den Abgrund in sich selbst zu. Zu Rolv gewandt.

Was ging in Rolv vor? Diese Frage stellte sich ihm nicht mehr. Nichts ging in ihm vor. Es kreiste. Er hatte seine Schwester da liegen gesehen. Zwischen den langstieligen blütenlosen Halmen. Alles war eingefroren. Und da hatte der Täter Angesicht zu Angesicht vor ihm gestanden. Er hatte seine verlorenen Augen gesehen, einen Sekundenbruchteil lang. Und da hatte das Feuer sich entzündet. Die Trauer wurde zu Raserei. Zu einem tödlichen Blitz, der nicht vom Himmel herabschlug, sondern über die Erde zuckte, um zu vernichten. Und der alles überblendete, was man im Alltag dachte. Wer da vorne floh, war hilflos, verloren.

Kinder liefen mit in der Meute. Jungen mit weit aufgerissenen Augen.

– Hurra!, schrien sie. Die kriegen ihn nie!

– Versucht es gar nicht erst! Der ist so schnell – viel schneller als ihr.

– Ho, ho!

Die Erwachsenen begegneten ihren eigenen Kindern. Sahen plötzlich ihr Fleisch und Blut vor sich. In ihrer Wildheit, in ihrer eigenen Erniedrigung sahen sie ihre Kinder, und sie erschraken und wollten zurück.

Schau mein verlorenes Kind …

Dann begriffen sie, was die Jungen riefen:

– Haha! Braucht es gar nicht zu versuchen!

– Er rennt euch weg wie ein Blitz. Ihr seid viel zu langsam.

Schadenfreude. Rache für ungerechte Strafen. Sehnsucht danach, ein dreistes Wagestück zu sehen. Hingerissen, dass *einer* es schaffte, so vielen zu entkommen.

Die Eltern griffen zu altbekannten mahnenden Worten. Zu abgenutzten Strafreden:

– Wirst du wohl aufhören! Was ist das für eine Art? Halt den Mund. Benimm dich. – Diese Begriffe, die maschinenschnell zur Hand waren, sobald ein Kind sich nicht wunschgemäß verhielt. Dazu die Wut all der anderen ringsum. Die kopflose Wut. Gleich war man wieder einer von ihnen. Verschluckt. Totschlag im Sinn. Sie ließen sich nicht zurückhalten. Rolv sprang in die Schar hinein und aus ihr heraus wie ein Schussfaden durchs Webstück.

Am Rand irgendwo stand bisweilen eine schwarze Stange und fuchtelte mit langen Armen: Kari Nes. Niemand beachtete sie.

19

Kein Haus hier war so arm, dass nicht gute Apfelbäume nahebei gestanden hätten. Die Höfe verfügten über große Gärten, Reihen um Reihen von Bäumen. Sonnensatte südgewandte Hänge, dahinter die Gebäude.

An den Bäumen die Früchte waren halbreif. Üppig tragende Bäume in Regen und Sonne. Paradies.

Und ganz besonders der Garten auf dem Li-Hof. Mit der langen Scheunenwand im Hintergrund.

Hierher stürmte die Treibjagd jetzt. Der Mann wurde auf Li zugedrängt. Wo sein Opfer lag. Das war allerdings eher Zufall. Er war in allen Verstecken, die er gefunden hatte, aufgescheucht worden, jetzt befand er sich in offenem Gelände. Irgendwo musste er ja hin. Er stürmte in den Garten, den er gerade vor sich sah.

Hinten glühte die Sonne ungehindert auf die schwere rote Wand – sie wurde zu einem Opferplatz inmitten all der Frucht. Heiß, still, dunkelrot. Und überweht mit dem Duft von der See.

Sie dachten in ihren durchgedrehten Schädeln:

Zerquetscht ihn an der Wand da.

Einer sagte laut:

– Ja, an der Wand weiß er nicht mehr weiter! Er sitzt in der Falle.

Das Gelände, in das sie ihr Opfer getrieben hatten, ließ keinen anderen Weg. Ihm blieb nur eins: geradewegs in den Garten. Die Flanken waren von Leuten umstellt. Hier im Offenen hatten sie sich formiert. Er war nicht zu sehen, aber sie wussten, jetzt war er in diesem Garten. Sie drängten hinterher.

Aber die Bäume waren viele. Und viele waren die Reihen von Beerensträuchern. Sie boten Deckung. Trotzdem, er war verloren, er saß hier drin fest. Ein Ruf: Gleich ist er fällig! Wir kriegen ihn …

Sie schwärmten aus. Rolv kam gerannt. Gudrun dicht auf seinen Fersen. Sie war die ganze Zeit wild mitgestürmt. Jetzt warf sie sich unvermittelt nieder:

– Ich kann nicht mehr! Ich *will* auch nicht mehr rennen.

Rolv rief:

– Was kannst du nicht mehr? Auf mit dir!

Sie sah ihn an, und auf einmal glaubte sie ihn zu erkennen, wie er jetzt war: verwandelt. Sie schrak zurück vor allem, was jetzt mit ihm einherging.

– Mit dir gehen!, du Ekel, sagte sie, alles verursachte ihr Übelkeit. Mit dir gehen, das kann ich nicht mehr. Ich will auch nicht mehr.

Rolv hatte ihr gar nicht fertig zugehört. Scherte sich nicht um sie. Sprang nur weiter zwischen die Bäume. Zwischen Bäume und Reihen mit Himbeer- und Johannisbeersträuchern. Dort schrien die Leute. Jagdgeschrei. Sie sahen wohl etwas. Er ist da lang!, wurde gerufen.

Gudrun lag in der Wiese. Erschöpft. Wollte sich sammeln und wieder sie selbst sein.

– Inga, sagte sie, sinnlos. Schrak zusammen, als sie es sagte.

Es krachte in den Sträuchern neben ihr. Ein schöner Mann bahnte sich einen Weg durch die Zweige und brach neben ihr zusammen. Sie schrie auf. Sah, wer das war. Er war bald zuschanden gejagt, so, wie er aussah. Seine Augen glänzten auf eine Weise, wie sie es noch nie gesehen hatte. Er richtete sie auf sie:

– Hilf mir, sagte er. Atemlos.

Er war zerschmettert.

– Ein Versteck! Die sind hinter mir her.

Gudrun wollte den Anblick wegwischen. Hatte vor allem Angst um Leib und Leben.

– Verschwinde, ich habe dir nichts getan!, rief sie ihm entgegen.

Er zitterte und nickte mit dem Kopf.

– Was getan?, sagte er. Hatte missverstanden. – Sag mir, wo ich mich verstecken kann.

Gudrun fiel nur ein, etwas über sich selbst zu sagen:

– Ich bekomme ein Kind! Ich will nicht sterben.

Der Mann sagte:

– Sterben? *Ich* will nicht sterben!

Gudrun sah ihn ebenso erschrocken an, doch ging ihr auf, dass nicht sie bedroht war. Sie erkannte, wie verloren er war, der da vor ihr lag.

– Dir ist nicht zu helfen, sagte sie. Irgendwie war es unmöglich, das hier anders zu sagen, als so, wie es war.

– Sie sind hinter mir her. Sie wollen mich zerreißen, sagte der Mann von Sinnen. Mich zerreißen. Ich will das nicht. Will nicht.

Gudrun hätte gern noch etwas anderes gesagt, aber es kam nur dasselbe wie zuvor. Sie war aufgestanden, stand jetzt unter einem Baum, sagte fast völlig tonlos:

– Dir ist nicht zu helfen.

Der starre Glanz in seinem Gesicht war ihr so fremd, zwischen den Schweißrändern und dem verklebten Haar.

Er war abwesend, zugleich entsetzt angesichts dessen, was ihm bevorstand. Er lag am Boden und sammelte neue Kräfte zu neuen Sprüngen. Sie sah, wie gut es ihm tat, sich auszustrecken und die Gliedmaßen ruhen zu lassen. Sie war selbst müde und verschwitzt und verwirrt, aber ihm ging es schlimmer. Er würde umgebracht werden – die Meute hinter ihm ließ keinen Zweifel daran. Ihm ist nicht zu helfen. Sie wusste nicht, wie sie so steinharte Worte zu ihm sagen konnte, sagte sie aber. Sie wirkten auf ihn wie Schläge. Schläge mit einem Prügel auf den verlorenen Schädel.

Jetzt war er nicht mehr schön.

Sie wollte noch etwas sagen. Bereute, was sie zuvor gesagt hat. Doch wozu war es nutze? Ihr wurde klar, dass er nicht mehr bei Verstand war. Und schon tat er ihr leid. Seine Untat wirkte weniger finster.

Jetzt waren die Jäger da.

– Hoh!, riefen sie. Laute Rufe. Sie waren gleich hinter ihnen, in den Büschen.

Der Mann zu Gudruns Füßen fuhr wieder auf. Hatte neue Kräfte. *Musste* sie haben. Und konnte noch rasch etwas zu Gudrun sagen, sagen, was in seinem Kopf strudelte:

– Ich will nicht sterben. Ich kann nicht sterben. Sag ihnen das!

Dann lief er los. Verschwand aus Gudruns Gesichtskreis. Sie versuchte sich zu sammeln. Zu den Herankommenden gewandt. Sie wollte seine Botschaft überbringen, dachte sie.

Dabei soll ich doch ein Kind bekommen, dachte sie, einfach so.

Als Allerersten sah sie Ivar. Sie hatten einander in der Hast verloren. Wiedergefunden und erneut verloren. Jetzt kam er an der Spitze. Aber war das Ivar? Sie rief langgezogen nach ihm, sobald er auftauchte.

– Ivar!

Nein, schon war er zwischen den Obstbäumen verschwunden. Dabei soll ich doch mit ihm ein Kind bekommen, dachte sie zusammenhangslos. Konnte sich nicht konzentrieren.

Jetzt kam der ganze Haufen. Rolv mitten dabei. Ein gottloser Anblick. Gudrun wollte sagen, dass er den Verstand verloren hatte, der Mann, der die Untat begangen hatte. Das würde sie alle milder stimmen.

Sie strömten auf sie ein mit Fragen und Rufen.

– Wo ist er hin?

– Er hat gesagt …, setzte Gudrun an und wollte wiedergeben, was er gesagt hatte, dass er nicht sterben will. Sie hörten nicht darauf, einer unterbrach sie:

– Da, ich kann ihn sehen …

Irgendwo zwischen den Bäumen hatte er einen Blick auf ihn erhascht. Eingekesselt, wie er war. Weiter zu der heißen Stelle unter der roten Wand hin.

Sie setzten dem Verurteilten nach. Gudrun rief ihnen hinterher: Er hat gesagt, er hat es nicht gewollt! Sie hörten es nicht, es war wie nie gesagt.

Gudrun bekam weiche Knie. Sie setzte sich wieder. Die harten Worte, die sie dem Gejagten gesagt hatte, quälten sie.

Unterdessen ging die Jagd in dem üppigen Garten ihrem Ende entgegen. Der Mann wurde immer weiter in die Enge getrieben.

Ein Bescheid:

– Jetzt haben wir ihn!

In den Händen hatten sie ihn noch nicht, aber es ging rasch darauf zu. Er kam aus seinem letzten Versteck. Stieß auf eine rote Wand. Eine maßlos große Wand, so erschien sie ihm wohl. Die Mühle in seinem Schädel kreiste. Jetzt ruft nichts mehr »Andreas Vest!« wie himmlische Glocken, jetzt kreiste es nur noch rundherum. Die Luft stand still. Die Sonne brannte hernieder auf den Bußplatz. Der Mann stand an der Wand und suchte nach einem Ausweg …

– Da ist er!

Sie stürmten auf ihn zu. Hinter ihnen rief eine Stimme unvermittelt:

– Halt, da vorn!

Der eine oder andere drehte sich um. Karl Li kam herbeigerannt. Er hatte gerufen. Alle anderen scherten sich nicht um Rufe oder Kommandos, sie hatten selbst schon zu lange gerufen und geschrien.

Da stand der Übeltäter. Und mit einem Mal waren sie über ihm. Er stand wie versteinert an der schweren Wand. Das Feuer in ihnen loderte unerhört auf, da sie ihr Opfer jetzt zwischen sich hatten. Ein ganzer Haufen warf sich über ihn. Mitten darunter Rolv. Auch er hörte die Rufe seines Vaters nicht. Karl Li war jetzt nahe, seine Stimme klang härter:

– Ihr da! Halt! Hört auf!

Zwecklos. Tief drinnen im Menschensinn lebten fremde Laute auf. Scharrendes Knurren drang aus den Kehlen.

Das war das Urteil. Das Ende. Es gab kein Entkommen.

Von dem Mann, den sie erschlugen, war kein Laut zu vernehmen. Aber jetzt wurde er geopfert. Sein Blut floss zwischen die Wurzeln der Obstbäume.

Reich an Frucht war es hier – aber eng, heiß, kein Platz, um Atem zu holen.

Karl Li war jetzt zwischen ihnen und bahnte sich einen Weg zu seinem Sohn.

– Rolv, was tust du?

Rolv war immer noch von Sinnen:

– Lass mich! Du …

Er sah, wer das war, und beruhigte sich trotz allem. Die Flamme war jetzt auch an einen Punkt gekommen, an dem sie zusammenbrechen musste.

Der Vater schaute auf Rolvs Hände:

– Schau dir bloß deine Hände an, Rolv. Ist es denn möglich …

Rolv sah sie an. Wollte sie in den Hosentaschen verbergen, hielt aber inne, ließ die Arme hängen.

Karl Li rief allen laut zu:

– Aufhören! Er war nicht bei Verstand!

Rolv sagte:

– Es ist zu spät.

Die Meute hielt tatsächlich still. Die innerliche Raserei hatte ein Ende. War leer gelaufen. Sie kamen wieder zu sich und begriffen nichts mehr. Schau, da war Kari Nes wieder. Am Rand des Gartens. Was will *die* hier!, dachten sie.

Kein Raum zum Atmen unter dieser erstickenden Wand. In dieser Luft, schwanger vom Duft Tausender reifender Äpfel. Es half nichts. Der Klumpen um den Erschlagenen löste sich auf und wurde zu jämmerlichen Einzelteilen. Er war nicht bei Verstand? Dann sieht manches anders aus. Umso schneller kamen sie zu sich. Nein, er war wohl nicht bei Verstand gewesen.

Rolv durchbrach die Stille:

– Vater!

Ohne zu wissen, was er von ihm wollte. Es war ein Notruf, ein ungezielter. Die Schar stand still und kam zu sich. Jeder mit seiner schweren Bürde. Weitere Leute kamen hinzu. Die langsamer gewesen waren. Das Feuer in ihnen erlosch, sobald sie angelangt waren. Blitzschnell ging es zwischen ihnen herum: Sie hatten einen Verrückten erschlagen.

– Vater, sagte Rolv.

Karl Li war zur ganzen Schar gewandt. Fasste sich, so gut er konnte, und sagte:

– Geht jetzt bitte.

Manche starrten ihn stumm an. Manche knurrten irgendwas. Reste der Tobsucht saßen noch fest und mochten Karl Lis bestimmten Tonfall nicht ertragen.

Er brauchte nicht zu sagen: So was ist nicht erlaubt! unter Menschen! – sie spürten es nur allzu deutlich.

Rolv schüttelte sich. Aber das war nichts, was sich abschütteln ließ. Es wollte nicht vergehen. Es war für ihn, als hinge ihm etwas an, in seinem Rücken. Der Mord fand dort statt. Sein Vater schien es zu erkennen, er blickte Rolv furchtsam an.

Die Menge stand da. Dann begann sie sich aufzulösen. Fort, fort von dem hier. Jeder Einzelne schien fortgehen zu wollen. Kinder wurden hastig mitgezerrt. Zu spät. Der Anblick hatte sich ihnen eingegraben.

Zwei Mann kehrten um und kamen zurückgeschlichen, um den Toten zu versorgen. Haug und Dal, auch diesmal wieder sie.

– Was sollen wir tun?, fragten sie Karl Li leise.

– Weiß nicht, antwortete er, ohne sie anzusehen.

Sie machten einen Bogen um ihn, aber da er nur dastand und Rolv anstarrte, näherten sie sich scheu dem Toten und brachten ihn in den Schatten des nächsten Apfelbaums. Dort setzten sie sich zu beiden Seiten neben ihn.

– Wartet, sagte Karl Li zu ihnen. Komm, sagte er zu Rolv und zog ihn mit. Weg von dem Ort.

II

DER KEIM IM STAUB

1

Es rührt sich etwas unter dem Abgrund. Zuschanden. Unstet.

Die erstickende Stille *danach*. Im Inneren erwachende Stimmen.

Gib acht, sagt es.

Wer bist du?, scheint es zu sagen.

Man sitzt da und wedelt abwehrend mit der Hand, man sagt die Unwahrheit. Ich wusste nicht davon. Das hat es bei mir noch nie gegeben.

Es antwortet: Du weißt, das ist nicht wahr. Du hast den Abgrund in deiner Stirn.

Man sieht sich selbst, es fühlt sich an, als hätte man eine Landschaft in sich mit trockenen Ebenen, mit steilen Felshängen, Schatten ziehen darüber hin. Aber man weiß von hässlichen, verborgenen Abgründen. Man umgeht sie, wandert lieber woanders entlang. Dinge am Grunde des Wassers. Lass sie dort liegen. Niemand soll von ihnen erfahren.

Lass es am Meeresgrund liegen.

Dann kommt eine Mahnung:

Wird kommen ein Tag, da alles, was …

Ach, i wo!, antwortet man hastig und unterbricht es, *versucht* es zu unterbrechen, denn es hilft nichts gegenüber der störrischen Stimme, sie beendet, was sie sagen wollte:

Ein Tag, da das Meer alles von sich geben wird, was es jetzt verbirgt. *Dein* kleines tiefes, hässliches Meer. Unrat dort unten. Schlamm und Dunkelheit. *Nimm dich in acht.*

Man schiebt es weg. Wütend wie immer angesichts dessen, was sich aufdrängen will. Und antwortet selbstbewusst: Ich habe überhaupt keine Angst.

Man rechnet nie mit der Lawine, dem Felssturz, der alle gnädige Deckung mitreißen wird.

Dann geht die Lawine ab. Und reißt mit. Nicht nur das, von dem man *wusste*, sondern auch alles, das von beißender Scham geleugnet wurde: So dass die Leute sehen, was alles schon die ganze Zeit dagewesen war.

Jetzt waren sie auf der Flucht.

Nach Hause. Oder eher gesagt *vor etwas*. Die Bürde, die sie beschwerte, ließ alle Bewegungen langsam werden, wie überlegt, nichts mehr mit wilden Sprüngen. Hierhergekommen waren sie allerdings mit Sprüngen, in den guten Obstgarten. In ihrer Angst jetzt zogen sie sich schwergliedrig und mühsam zurück, das Gesicht dem Boden zugewandt. Sie sahen sich selbst und fragten:

Wer bist du?

Und antworteten trotzig:

Ich habe nicht gewusst, dass ich so bin.

Sie erinnerten sich mit Grausen: Ich habe über ihm gestanden und zugeschlagen.

Ja, aber da war er wohl schon tot. Rolv hat auf ihn eingestochen, das müssen doch alle gesehen haben. Dann habe ich zugeschlagen. Das musste sein. Ich verstehe es nicht.

Dunkle Gedanken kommen: Ob ich wohl nie wieder Frieden finde. Ob ich ausgestoßen bin?

Nicht alle nahmen es so auf. Es gibt vielerarts Leute. Manchen gelang es, sich zu verhärten und zu sagen:

– Ja, ja, er hatte es wohl nicht anders verdient, denke ich mir, sagen wir es, wie es ist.

Einem Zweifelnden machte das Mut zu sagen: – Das finde ich auch.

Etwas stockte gleichsam in der Gruppe der Gehenden, dann sagte einer, den die Tat quälte:

– Er war nicht mal bei Verstand.

– Das können wir doch nicht wissen, sagte der Erste.

Dennoch wurde ihnen nicht allgemein zugestimmt. Die meisten spürten die Bürde. Sie glaubten diesem Mutigen nicht im Ernst. Waren irgendwie ungern an ihrer eigenen Stelle.

Aber es galt sich zu wappnen. Im Handumdrehen wurde ein Sündenbock gesucht. Und der war nicht schwer zu finden. Lasst uns das gleich jetzt und hier festhalten.

Ein Nachbar schloss zu einem auf. Gebeugt. Wollte wortlos vorbei. Blickte nicht zur Seite. Man musste sich wappnen, mit Schock in der Stimme fragen, ohne ihn anzusehen:

– Wer hätte gedacht, dass Rolv zu so was imstande wäre!

Ihn nicht ansehen. Aber er stimmte sofort ein. Antwortete dankbar:

– Nein, wer hätte das gedacht.

Einander nicht ansehen.

Dann verschwanden sie in Kurven und hinter Bäumen auf ihrer grünen Insel. Vom Opferplatz weg.

Da ging Gudrun. Dicht hinter Ivars, ihres Mannes, Rücken. Schaute auf diesen verzagten Rücken. Aus irgend einem Grund war es unmöglich, nebeneinander zu gehen.

Ivar war stumm.

Wie viel hat *er* getan?, dachte sie. Mein Kind, dachte sie dann. Wird es sich auf mein Kind auswirken? Sie sind auf ihn losgegangen, die Frauen auch, dachte sie entsetzt. Hätte ich nicht das Kind, ich hätte ihn wohl auch mit irgendwas geschlagen. Schau Ivars Rücken. Schau dir ihn an, der die Inselkinder unterrichten soll. Ivar war dabei, als sie diesen verrückten Mann erstochen haben.

Sie schrak zusammen. Ein Mädchen war an ihrer Seite erschienen. Else. Ein erschöpftes, schreckstummes Mädchen. Rolv!, durchfuhr es Gudrun. Sie konnte sich nicht erinnern, ob sie Else in dem Getümmel gesehen hatte.

– Du, Gudrun, sagte Else.

– Ja?

Nicht sie ansehen.

– Hast du mitgemacht?

– Nein!, sagte Gudrun. Doch bei sich selbst dachte sie: Ja, ich habe mitgemacht, ich wurde nur im letzten Augenblick daran gehindert.

Else fragte bittend:

– Hast du *nicht* zugesehen?

Sie hat es selbst nicht gesehen, dachte Gudrun.

– Neeein, ich habe gesehen, wie ein ganzer Haufen über ihm war. Mehr weiß ich nicht. Hab nicht hinschauen können.

Else sagte: – Als ich kam, war das auch ein Haufen, alle zusammen. Mir hat niemand was erzählen wollen. Sie wollen mir nicht davon erzählen, niemand, Gudrun.

Gudrun antwortete nicht. Else bat:

– Du. Was hat Rolv getan?

– Weiß nicht.

– Weißt du, ob er zu Hause ist? Ich hab mich nicht

getraut reinzugehen und zu fragen, als ich im Garten war. Musste mich erst bisschen umhören.

– Ja, er ist mit seinem Vater auf den Hof gegangen, glaube ich. Das habe ich zuletzt noch gesehen.

Sie standen da und warteten. Beide auf die jeweils andere.

– Dann geh nach Hause zu ihnen!, sagte Gudrun gequält und bereute die Worte sofort.

Jetzt fragte Else ganz direkt, sie vergaß sich:

– War Rolv mit dabei, hat er es getan? Ich habe ihn im Haufen gesehen.

– Fragst du ihn das nicht besser selbst?

Else zuckte zusammen, ihr wurde klar, dass sie sich vertan hatte. Gudrun erzählte:

– Ich habe es nicht gesehen. Die Männer lagen in einem ganzen Haufen.

Warum sage ich nur die Männer? Frauen waren auch dabei ...

Sie waren zurückgeblieben, Ivar hatte großen Vorsprung. Sie sahen seinen Rücken dort hinten. Sahen, wie er stehen blieb und sie aufschließen ließ. Er hatte doch gehört, worüber sie sprachen, und jetzt drehte er sich zu ihnen um. Er schien noch beklommener zu sein als sie selbst. Bereit, beschämende Dinge zu tun, um den Druck zu mildern.

Er sagte zu Gudrun:

– Hast du gesagt *die Männer*?, fragte er hart. Nur *sie*?

Beißender Tonfall. Mit dem einzigen Wunsch, es loszuwerden. Kein Quäntchen Liebe zu ihr lag in seiner Miene oder der groben Stimme, mit der er jetzt sprach. Er war mutterseelenallein.

Sie schämte sich für ihn. Und dass Else es mit ansah. Eisig durchfuhr sie, dass seine Liebe weg zu sein schien.

Aber er musste sich noch weiter erniedrigen. Die Verantwortung von sich abwehren. Grob und beschämend. Er schaute Else an.

– Was Rolv getan hat, wollt ihr wissen?

– Nein!, sagte sie hastig. Sie schrak zurück vor dieser ungedämpften Wucht, die Ivar noch nie an sich gehabt hatte. Wollte von diesem Mann nichts erfahren.

Aber dass sie Nein sagte, hielt ihn nicht zurück. Er erzählte ihr:

– Rolv war es, der es *getan* hat. Dass du es weißt.

Else blieb stehen. Blind. Sammelte sich. Ich habe es ja gewusst. Die ganze Zeit gewusst.

Gudrun wandte sich von ihr ab.

Sie spürten, dass er ihnen wieder den Rücken zukehrte. Er ging. Gudrun war gewissermaßen gezwungen, ihm zu folgen. Schon war Else weg.

2

Haug und Dal saßen unter dem Apfelbaum. Sie wären selbst auch gern geflohen, aber nein. Sie waren hierher zurückgekehrt.

Auch sie hatten getobt. Auch sie hatten ihre Raserei gekühlt. Hatten Hand an den gelegt, der jetzt zu ihren Füßen lag. Und hatten auf diesen Körper eingeschlagen. In der Hand saß eine unheimliche Erinnerung daran fest, wie das Fleisch unter dem Schlag nachgab.

Das war der Gipfel der besinnungslosen Rache gewesen. Dann kamen Zusammenbruch und Reue.

Sie wollten Teil der Flucht nach dem Totschlag sein. Aber sie hatten doch gerade heute erst einen anderen umgebrachten Menschen getragen. Das ließ sie innehalten.

Einer, der vorbeikam und sah, dass sie zögerten, sagte in seiner Eile rasch zu ihnen:

– Kümmert euch um ihn.

Fast wie ein Befehl.

Warum ausgerechnet wir? Aber der Mann war schon viele Schritte weiter. Ein wohlgeachteter Mann von der Insel, genau wie alle. Dann spürten sie es: den inneren Sog zurückzugehen. Einen Drang auf einmal, es zu tun. Sie schlichen zurück zu der Stelle unter der Wand.

Nur Karl und Rolv waren noch da. Dann verschwanden auch sie. Jetzt saßen Haug und Dal allein bei dem unbekannten Toten.

Verstohlen spähten sie nach den Stellen, wo ihre eigenen Schläge ihn getroffen hatten.

Dal breitete seine Jacke über ihn.

Was mit ihm tun? Wohin mit ihm? Sie saßen da. Dachten über anderes nach. Dann kam Haug auf die Idee, sie könnten die Bahre holen, die sie heute schon einmal benutzt hatten. Sie hatten sie im Brennholzschuppen des Hofes abgestellt.

– Ja, hol sie, sagte Dal.

Haug umrundete die Scheune und kam auf den Hofplatz. Dort stieß er auf Jens, der sich damit abmühte, die beiden Schweine wegzuschaffen, aus den Augen der Leute. Er schleifte sie in einen Verschlag in der Scheune. Alle Gedanken daran, sie zu nutzen, schienen verflogen. Er schien den Anblick selbst kaum ertragen zu können. Sie einfach nur wegschaffen. Es fiel Haug ein, wie er Jens mitten in dem Haufen über dem Toten ausgemacht hatte.

Jens blickte finster.

– Ich hol nur die Trage, sagte Haug.

Jens nickte.

– Ist Karl drinnen?, fragte Haug noch.

– Glaub schon. Schau halt nach.

Jens wollte ihn loswerden. Zerrte schon wieder an der Sau. Verlegen, fast böse, dass Haug es mit ansah. Sie wegschaffen. Nicht mit so was hantieren. Sie hatten eine Erinnerung in ihren Händen, die so was unmöglich machte.

Haug ging nicht ins Haus. Er brachte die Bahre um die Scheune herum. Zusammen mit Dal legte er den Toten darauf.

– Und jetzt, wohin?

– Na hier in die Scheune, sagte Dal.

Aber konnten sie es wagen, ihn da hineinzubringen? Sie überlegten, ob sie an Karl Lis Stelle es gestattet hätten. Sie sahen einander unschlüssig an und meinten, ja, hätten sie. Nicht ganz und gar sicher, ob das nicht ein klein wenig gelogen war.

Dann hoben sie die Bahre an und trugen sie um die Ecke der Scheune. Jetzt war der Platz leer. Aus den Schweinekoben waren Grunzen und Quieken zu hören.

Sie klopften an Karl Lis Wohnhaus an. Leer. Aber dann kam er heraus. Das Gesicht mehr oder weniger unverändert.

Sie wiesen auf die Bahre und sagten, die stelle man wohl am besten in die Scheune.

Sie sahen, wie sehr das Karl widerstrebte. Aber sie hatten es so bestimmt gesagt, was sollte er tun.

– Ja, mag sein, sagte er.

– Einer von uns bleibt dann dabei sitzen, bis klar ist, was wird.

– Ja, sagte Karl Li.

Und drehte sich um. Ging wieder hinein. Der ganze Hof war wie entvölkert. Die beiden armen Männer Haug und Dal sannen darüber nach, was es denn half, dass das hier der wohlhabendste Hof war, mit dem größten und schönsten Obstgarten – mit guten Häusern und massiven Türen. Was half das alles? Das Grauen drang ja dennoch ein.

Sie hoben die Bahre wieder an und trugen sie die Scheunenhochfahrt zum Heuboden hinauf. Das Doppeltor dort stand jetzt in der Erntezeit weit offen. Hing in schweren Eisenscharnieren. Allein schon diese Eisenscharniere am Tor der Hochfahrt zeugten davon, was für übermütige Pläne Karl Li als junger Mann verfolgt hatte.

Sie stapften hinein.

– Riech mal.

– Ja, hier drin ist jede Menge Heu.

Da lag es in Ballen. Die beiden schlichten Arbeitsmänner hatten ihr Lebtag lang Heu gemäht und eingebracht.

Da standen zwei leere Kisten, darauf stellten sie die Bahre.

– So, sagten sie. Und blickten einander an.

– Du kannst jetzt gehen, sagte Dal, dann sitz ich hier noch bisschen.

– Nein, ich bleibe auch.

Sie schoben das Doppeltor von innen zu und setzten sich beide nieder. Sie waren daran gewöhnt, alles miteinander zu tun.

Sie fühlten sich alt und müde. Ihre Arme hingen schlaff hinab. Den, der auf den leeren Kisten lag, hatten sie weiterhin zu tragen, auch wenn sie ihn abgesetzt hatten.

Aber es war ihnen ein Bedürfnis, hier zu sein. Sie versuchten so zu tun, als vollbrächten sie hier etwas, das niemand sonst zu tun bereit war. Sie waren froh, dass es so aussah.

Sie dachten an das Mädchen, das sie heute schon getragen hatten. Federleicht. Der hier war so schwer, man fürchtete geradezu, er könne durch den Boden brechen.

– Wir sollten wohl mal zusehen, dass wir heimkommen, einer von uns, sagte Haug.

– Ja, sagte Dal.

Und saßen weiter da. Den Rücken an die Wand gelehnt. Sonnenlicht schnitt durch viele kleine Ritzen in der Wandbeplankung. Niedrig stehende Abendsonne. Das Innere der Scheune hatte sich tagsüber aufgeheizt. Die Männer, die hier saßen, grausten sich.

Wie lange diese Totenwache dauern sollte, keine Ahnung. Vielleicht ja die ganze Nacht. Tief drinnen hofften sie auf ein klein wenig Sündenvergebung dadurch. Das sagten sie einander aber nicht. Vielleicht wären viele darauf neidisch.

Im Nachhinein jetzt schienen sie jeden einzelnen Schlag zu spüren, den sie geführt hatten. Krachende Schläge von schweren Fäusten. *Holzprügel* hatten sie keine zur Hand gehabt, sonst hätten sie die sicher benutzt.

Was hilft es mir dann, wenn ich hier sitze?

3

Karl Li hatte seinen Sohn dazu gebracht, mit ins Haus zu kommen. Der sich dagegen sperrte. Erst hatte Rolv auf dem Absatz kehrtgemacht und war wieder in den Garten gegangen. Aber sein Vater kam hinterher und griff ihn. Rolv war so erschöpft, dass man ihn ohne weiteres einholte. Aber aus dem Garten nahmen sie einen anderen Weg zurück zum Haus.

Erhitzt und ratlos sagte Rolv:

– Ich will nicht heim.

– Wirst du aber müssen, sagte sein Vater. Sein Gesicht war so starr und kantig, als er es Rolv zuwandte, dass es auf diesen wie eine bezwingende Macht wirkte.

Jedes Mal, wenn Karl Li Rolv ansah, meinte er etwas Besonderes zu erblicken. Das etwas nach sich ziehen musste. Wegen dieser starken Empfindung war es Rolv bewusst, dass sein Vater das *sah*. Rolv erschuf sozusagen etwas um sich herum, das alle, die ihn sahen, erschrecken ließ.

Es brauchte eine Weile, ihn nach Hause zu bringen. Immer noch bewegten sich Leute am Rande des Gartens. Leute auf dem Heimweg, die nicht wussten, ob sie sich nach Hause trauten. Wenn sie Karl Li und Rolv begegneten, hatten sie es auf einmal eilig, grüßten rasch und drückten sich vorbei. Schuldbewusst. Ohne aufzublicken. Nur mit einen sinnlosen »Guten Tag«.

Rolv sagte:

– Ich will aber nicht nach Hause.

– Wo willst du denn sonst hin, Rolv? Dir wird doch klar geworden sein, dass es sonst keinen Weg für dich gibt.

– Wie denn? Mir ist nichts klar geworden, sagte Rolv mutlos.

Er schleifte die Füße nach. Als bekäme er sie nicht mehr hoch. Das kannte man von ihm nicht, es war ein Teil dessen, was ihm jetzt anhing. Sein Vater hielt es für besser, irgendwas zu sagen, statt nur so daherzuschlurfen, also redete er weiter:

– Wenn es richtig schlimm zugeht, gehört man nach Hause, die eigenen vier Wände sind der richtige Schutz.

– Nein! Dann muss man abhauen. So machen das die Leute. Das weißt du auch.

– Ja, nur dass es nichts nutzt. Wenn es richtig schlimm zugeht, nutzt es nichts, ins Unbekannte zu fliehen, da sei mal sicher. Dann muss man heim.

– Damit es den anderen daheim auch schlechter ergeht, als es sein muss? Sollen sie tagein, tagaus sehen müssen, was …

– Ja, sie sollen es mittragen. Ich sag's, wie's ist: Das Zuhause bietet den richtigen Schutz. Sünde und Trauer und Scham und alles – das ist zu Hause gut aufgehoben. Ohne dass es das Zuhause schmälert.

Rolv sagte:

– Ich sehe doch, du erträgst es selbst kaum, mich anzusehen. Nicht mal du. Wie soll es da den anderen gehen – ja, und Mutter?

– Wolltest du weggehen, ohne dich von ihr zu verabschieden?

– Ja.

– Du musst mitkommen, sagte sein Vater nur. Hör mal,

Rolv: Du schleifst so seltsam die Füße nach. Lass das mal. Das ist sonst nicht deine Art, und du sollst nicht so zu ihr reingehen.

Wieder kam jemand vorbei. Scheu. Verlegen. Irgendwie auch trotzig, wie sie so weiterstrebten. Kar Li sagte rasch:

– Wartet mal, ihr …

Sie horchten nicht. Gingen weiter. Da stand Kari Nes. Wo die wohl war in ihrem Kopf?

– Wir müssen aber noch reden!, sagte Karl Li laut hinter den Leuten her.

Sie horchten nicht. Gingen nur weiter. Als fürchteten sie, ihnen könnte noch mehr aufgebürdet werden.

– Das alles betrifft meine Familie, da müssen wir noch drüber reden!, rief er ihnen nach. Wenn wir uns alle etwas besonnen haben!

Ratlos rief er das. Er wusste selbst nicht, wie *das* gehen sollte. Was *er* sagen sollte. Aber er fühlte sich ihnen gegenüber schuldbewusst. Das alles hatte mit *seinen* Kindern zu tun. Weil Inga tot war, waren sie alle in dieses Elend geraten. Er stand in der Schuld all dieser bedrückten Frauen und Männer. Und war zugleich von Grauen erfüllt über das, was sie getan hatten.

Er war selbst wie betäubt. Alles war derart ohne Vorwarnung über ihn hereingebrochen, dass er sich fühlte wie ein Schlafwandler. Er war immer noch von dem *Geschehnis* durch und durch entsetzt.

Um Rolv stand es ähnlich.

– Vater!, setzte er an, kam aber nicht weiter.

– Was denn?

– Kannst du es verstehen? *Mich* verstehen?

Sein Vater antwortete nicht. Sagte nur, sie sollten jetzt gehen.

Rolv sagte, angsterfüllt:

– Aber Vater, kannst du mich nicht verstehen?

– Ich sage doch, ich muss nachdenken. Dränge mich jetzt nicht. Wir sollten uns fassen und reingehen.

– Ich kann das nicht.

– Mag schon sein, aber du musst. Wir müssen dich beschützen. Wir, deine Familie.

Sie gingen über die sattgrüne Wiese, die ihnen gehörte. Die Sonnenstrahlen standen schräg. Auf den Koppeln weideten Pferde und Kühe. Es war eine gute Insel.

Sie waren auf dem Hofplatz und wollten reingehen. Rolv blieb stehen. Sein Vater sagte:

– Wir müssen uns fassen, hast du gehört.

– Hilf mir, Vater. Steh mir bei, wenn was passiert.

Sein Vater antwortete nicht.

– Willst du nicht antworten?

– Ich antworte, sobald ich kann, sagte sein Vater. – Aber jetzt müssen wir zu ihr rein. *Du* musst rein.

4

Mari Li hörte, dass draußen irgendwo Lärm aufkam. Die Jagd bewegte sich herüber! Sie ging zum Fenster. Aber es war nicht auf dieser Seite. Sie sah nichts. Der Tumult näherte sich. Offenbar waren sie gleich hier unter dem Haus. Sie war kurz davor hinauszulaufen, beherrschte sich aber. Wollte sich raushalten, um etwas zu hören. Saß angstvoll da, geduckt. Wo war Rolv? Was war mit ihm? Wo war Karl? Er war auch draußen. Dann auf einmal war es still. Gott sei Dank, sie waren abgezogen.

Mari Li saß in Ingas schlichtem Zimmer. Inga war zugedeckt. Ihre Mutter dachte über das Leben ihrer Tochter bis zum heutigen Tag nach.

Und was wird dann aus dem Ganzen?, sagte sie bei sich selbst. Aus all den unendlichen Vorkehrungen und Gedanken? Jetzt liegt sie *hier*, und sie ist nicht mehr.

– Jetzt liegt sie hier!, sagte sie in ihrer Not laut und wie eine Drohung. Als würde es gegen das erstickende Gefühl helfen, so gegen etwas Blindes anzureden, das irgendwo in der Luft war. Sie bildete sich ein, das würde ihr ein wenig Erleichterung verschaffen.

Sie dachte darüber nach. Versuchte es zu fassen. Sagte laut und streng vor sich hin:

– O Herrgott, es tut so weh, dass es vorbei ist!

Sie schrak zusammen, jemand klopfte hastig an die Tür.

– Ja bitte!, sagte sie.

Es war Helga, Jens' junge Tochter. Sie polterte herein. So erfüllt von der Neuigkeit, die sie brachte, dass sie ganz vergaß, wie man ein Zimmer wie dieses zu betreten hatte.

– Jetzt haben sie ihn erschlagen!, sagte sie, noch bevor sie die Tür zugemacht hatte.

– Erschlagen? Wen? Nein, das darf nicht sein.

Helga berichtete erregt:

– Hier unten im Garten haben sie ihn erschlagen! Am Schluss haben sie ihn eingekreist und sich über ihn hergemacht. Und dann war er schnell tot. Nein, etwas so …!

Mari Li war aufgefahren. Jetzt setzte sie sich wieder hin, kraftlos, wie es aussah.

– Aha …, sagte sie. Wie ist es passiert? Wer war es …

Sie hielt inne. Helga sprudelte los:

– Der ganze Haufen war mit einem Mal über ihm. Nein, so was Schlimmes!

– Aha … sagte Mari Li bloß.

Sie blickte Helga scharf an. Wusste die vielleicht mehr, als sie erzählte? Es war ihr nicht anzusehen.

– Und wo warst du?

– Ich bin eine Zeit lang auch mitgelaufen, stotterte Helga.

Helga gehörte zu denen, die Inga heute verloren hatten. Sie waren von klein auf mehr oder weniger gemeinsam aufgewachsen. Auch für Helga war es ein schrecklicher Schlag. Und so hatte sie sich von dem Tumult mitreißen lassen. Ohne zu denen zu gehören, die ganz vorn dabei waren. Ohne ganz durchzudringen. Sie setzte wieder an:

– Nein, so ein schrecklicher Anblick …

Mari reagierte ungehalten.

– Hast du denn unbedingt mitmachen müssen!, sagte sie scharf.

– Nein, aber …

– Ich will nichts mehr davon hören.

Helga wurde von Scham erfüllt. Sie kehrte um, wollte gehen. Und begegnete Karl Li in der Tür. Hinter ihm kam Rolv … Und gewissermaßen noch jemand, wenn man so von schlimmen Ahnungen gequält war wie Mari Li, und wenn man wusste, was Helga wusste.

Als Helga sie sah, stieß sie einen leisen, erschrockenen Laut aus. Vergaß alle Rücksicht gegenüber Mari Li.

– Jetzt kommt er!, sagte sie.

Mari sprang mit einem Satz von ihrem Stuhl auf.

– Was gibt es?

Helga drängte sich an den Männern vorbei, hinaus.

– Nichts, sagte sie. Wollte nur schnellstmöglich davon. Sie schloss die Tür hinter sich. Karl Li und Rolv standen mitten im Zimmer. Wagten weder näher zu treten noch etwas zu sagen.

Mari Li ging ihnen entgegen.

– Kommt ihr endlich. Habt *ihr* es gesehen?, fragte sie. Bei Rolvs Anblick fuhr sie zusammen.

– Herrgott, was ist? Karl?

Er stand starr und hochgewachsen da. Mit unbewegter Miene. Auf sie wirkte das bedrohlich.

– Wir sind nach Hause gekommen, sagte er nur.

Rolv rührte sich nicht.

Sie wagte Rolv kaum anzusehen, ihre Stimme wurde tonlos. Er wirkte so seltsam.

– Besser, ihr sagt gleich, was ist, sagte sie, als sie nicht so schnell antworteten wie nötig.

Ihr Mann straffte sich.

– Ja, es ist so, er wurde getötet.

– Getötet, wiederholte sie, ja, das habe ich gehört, von Helga. Aber wer? … Rolv, wie kann das alles sein?

Sie hatte wohl schon begriffen, wer schuld war. Rolv stand da mit seiner Bürde. Es war leicht zu erkennen, dass seiner Mutter aufging, was ihn niederdrückte.

Karl Li trug auch an einer Bürde. Er antwortete anstelle von Rolv, der es nicht fertigbrachte:

– Da sind starke Kräfte am Werk gewesen, sagte er, mehr kann ich dazu nicht sagen.

Mari Li nahm ihren Mut zusammen und schaute Rolv an.

– Komm her, Rolv, steh nicht so in der Tür. Das hier ist schließlich dein Zuhause.

Rolv tat ein paar Schritte.

– Du warst mit dabei, wie ich sehe.

– Ja, sagte Rolv.

– Ich glaube, ich sehe mehr als das. Hast wirklich du …

Er unterbrach sie, es sollte raus:

– Ja! Ich habe es getan.

Rolv stärkte sich an seinem Trotz.

– Du sollst *begreifen*, dass ich es getan habe! Ich habe geglaubt, dass ich es tun muss. Das habe ich geglaubt.

Sein Vater sagte:

– Man muss wohl eher sagen, dass *alle* mitgetan haben. Als ich dazukam, waren alle über dem Mann. Er war unter einem ganzen Haufen begraben. Ich habe nicht gewusst, dass auf dieser Insel so eine Brutalität möglich ist.

Seine Frau sagte:

– Also waren alle mit dabei.

– Ja, ja, aber ich weiß, ich habe ihm das Leben genommen!, sagte Rolv ungestüm. Und das wissen alle, die dabei waren. Dass bloß keiner versucht, so zu tun, als ob das nicht so wäre, Vater.

Karl Li antwortete:

– Es lag wohl eher daran, wer als Erster dort war, so ist es mir vorgekommen. Es waren alle mit dabei. Und du warst eben als Erster ganz vorn.

Die anderen beiden sagten nichts darauf. Karl redete mit Mühe weiter:

– Alle, die von dort weggingen, waren sich ihrer Schuld bewusst. Keiner hat versucht zu verbergen, wie es ihm geht.

Seine Frau sah Rolv an, hörte kaum, was er sagte. Sah Rolv scheu an.

– Wie hast du das nur tun können?

– Ja, darum geht es jetzt!, sagte Rolv. Darum, ob ihr mich verstehen könnt. Bestraft werde ich ganz sicher und all das, das ist mir einerlei. Aber ob *ihr* mich verstehen werdet, mein Verhalten!

– Ja, aber … Seine Mutter wusste nicht, was sagen.

Karl Lis Stimme kam dazwischen, laut und gequält jetzt:

– Sei sofort still!, du auch. Das darfst du nicht.

Sie zuckte zusammen und tat einen Schritt zurück. Schwieg.

– Wir *dürfen* so etwas nicht verstehen. Und fertig. Wir dürfen nicht, Rolv.

Sie hörte diese harte Stimme, die so selten zu hören war. Das bedeutete wohl, dass Karl unbeugsam blieb. Dürfen nicht. Nein, für so etwas durfte man wohl tatsächlich kein Verständnis haben. Sie wusste das schon, sie auch, und dennoch. Es ging um Rolv, da konnte man die Sache leicht in einem anderen Licht sehen. Es gab so vieles, das einen dazu brachte, verstehen zu wollen …

Rolv drehte sich jäh zu seinem Vater um.

– Vater!

– Nein, wir dürfen nicht, sagte sein Vater, mit ebenso viel Mühe wie eben. So eine Tat darf nicht verstanden werden. Nicht geduldet werden.

Rolv zitterte.

– Für mich steht so viel auf dem Spiel, Vater.

– Ja, ich weiß. Aber wenn du von mir verlangst, gutzuheißen, was du getan hast, dann kann ich dir nur antworten: Das kann ich nicht.

Rolv sah das unsichere Flackern in den Augen seines Vaters, während dessen Mund unbeugsame Worte sprach. Es war für Rolv bisher undenkbar gewesen, dass es so wichtig sein könnte, wie sein Vater etwas sagte. Aber das war es jetzt. Er stellte sich vor, das könnte seine Rettung sein. Dort lag Inga unter der Decke. Alles, was Inga anging, war für ihn eine einzige große Verwirrung.

– Ich dachte, ihr habt auch gemerkt, dass Inga ..., setzte er an, wurde aber unterbrochen.

– Erwähne sie nicht, sagte sein Vater. Merkst du nicht, es wird sonst zu schlimm.

Doch, er spürte es – das Gewicht ihrer Nähe hier. Sie hielten sich auch möglichst so im Zimmer, dass sie dem Bett den Rücken zukehrten. Es half nichts.

– Ich kann es dir ansehen, Mutter, sagte Rolv. Was du empfindest.

Sie schauten sie beide an. Sie war niedergeschmettert vor Trauer, Schatten fuhren über sie hin. Sie wagte nicht zu reden. Es gelang ihr, zurückzuhalten, was in ihr aufstieg, als sie sah, mit welcher inneren Not Rolv zu ringen hatte.

– Mutter!, rief Rolv.

Karl Lis scharfe Stimme schnitt ihn wieder ab:

– Du hast kein Recht, sie jetzt zu drängen. Und wenn

du es auf diese Weise bekommst, kann es dir keine Hilfe sein.

– Ich weiß einfach, dass ihr es nachfühlen könnt!, rief Rolv außer sich. Dann besann er sich darauf, wo er war. In einem Totenzimmer, man musste den Ton dämpfen.

– Wir müssen erst mal zur Ruhe kommen, sagte sein Vater.

Rolv versuchte es noch einmal:

– Ich weiß, dass ihr nachfühlen könnt, wie es mir geht, und dass ihr mir helfen wollt.

Karl Li sagte:

– Du kannst von uns keinen Freispruch erwarten.

Er hielt sich an der Rückenlehne eines Stuhls fest, als würde ihm das helfen, zu widerstehen.

Mari Li sagte nichts. Man sah ihr die Zerrissenheit an, wie es sie drängte, ihrem Sohn zur Seite zu stehen, aber sie wagte es nicht.

Karl Li riss sich noch einmal zusammen und antwortete. Seine Stimme wirkte fremd, gezwungen:

– Bei jedem Schritt hierher habe ich mich mehr vor diesem Gespräch gefürchtet. Mir wurde so klar, dass ich es dir verweigern muss, Rolv. So eine Tat kann nicht geduldet werden.

– Aber *seine* Tat, sagte Rolv, soll die geduldet und entschuldigt werden.

– Nein, aber das gibt euch allen nicht das Recht zu dem, was ihr getan habt. Richtig bei Verstand war er auch nicht, nach dem, was ich höre. Ich habe mit Gudrun geredet, die ist ihm begegnet. Und ich habe ihn selbst kurz gesehen. Er war wahnsinnig. Aber du und die anderen, die ihr ihm ans Leben wolltet, ihr seid gesund.

Rolv starrte seinen Vater verzweifelt an. Dann fragte er

noch einmal, ob er tatsächlich auf diese Weise verstoßen werden sollte.

– Verstoßen? Hast du nicht gehört, was ich auf dem Weg hierher gesagt habe, dass wir, deine Familie, dich zu Hause beschützen müssen?

– Aber jetzt verstößt du mich, Vater. Ich sehe doch, ich werde verurteilt und fertig.

Sein Vater sagte:

– Nein, nein! Wir stehen zu dir. Stell dich nicht abseits, das bringt neues Unglück. Aber wir müssen verurteilen, was du getan hast. Und du musst dafür büßen, Rolv. Es gibt keinen anderen Weg,

– Büßen?, sagte Rolv

– Ja, büßen. Innerlich. Du stellst dich hier hin und verlangst einfach so, dass wir einen Totschlag gutheißen. Das können wir nie tun.

– Trotzdem weiß ich, dass du mich verstehen kannst.

– Ich kann dich nicht verstehen. Ich dachte, eine solche Gewalt wäre dir fremd.

– Trotzdem weiß ich, dass du mich verstehen kannst.

Sie sahen einander in die Augen. Karl schien selbst nicht mehr besonders viel Kraft zu haben. Er hörte, wie Mari ängstlich und warnend sagte:

– Du musst aufpassen …

– Rolv, du stimmst mir trotzdem ganz sicher zu, sagte sein Vater. Tief innen weiß ich, dass du das tust, jetzt, wo sich der Rausch verzogen hat. So viel hast du auch gelernt und gelesen, dass dir klar ist, so etwas kann nicht gutgeheißen werden. Und du versuchst es jetzt trotzdem auf Biegen und Brechen, dabei weißt du genau, es geht nicht.

– Hättest *du* ruhig mit ansehen können, was passiert ist? Das glaube ich nicht.

Sein Vater wand sich bei dieser Frage.

– Das kannst du wohl nicht beantworten, sagte Rolv.

– Doch, ich hätte mich auf jeden Fall beherrscht und ihn nicht getötet. So weit müssen wir uns in der Hand haben. Alle, die dabei waren, empfinden jetzt Scham und Reue.

Rolv sagte:

– Ich glaube, das Schicksal war gnädig mit dir, dass du weggefahren warst, Vater. Keiner hätte vorher gedacht, dass er zu so etwas fähig wäre. Aber diejenigen, die dem entgangen sind, sollten es wenigstens verstehen.

– Ich verstehe nicht, wie all das passieren konnte!, sagte Karl Li. Wie sich auf einmal so ein Abgrund aus Bosheit und Gewalt öffnen kann. Aber man muss es sehen, so, wie es ist.

Rolv stand nicht mehr so starr da. Er stolperte zur Tür.

– Ja, ja, ja, ja, sagte er. Resigniert. Verloren.

Seine Mutter schaute auf:

– Willst du gehen? Bleib hier!

Rolv antwortete nicht. Ging rasch an seinem Vater vorbei. Der sagte:

– Nein, er soll ruhig ein bisschen allein zur Ruhe kommen und nachdenken. Lass ihn eine Weile damit allein.

– Geh nicht, habe ich gesagt!

Rolv blieb nicht stehen. Er ging langsam hinaus. Sozusagen den Schatten an seinen Fersen. Jetzt war er draußen. Zog die Tür hinter sich zu.

Seine Mutter wollte ihm nacheilen. Der Vater trat ihr in den Weg.

– Nein, Mari.

– Was hast du jetzt getan?, fragte sie.

– Ich habe getan, was ich als meine Pflicht ansehe. Aber lauf ihm nicht nach. Lass ihn eine Weile allein sein.

Sie sah ihn fast böse an.

– Gott helfe dir, was hast du getan.

Er antwortete nicht.

– Wie furchtbar, dass du ihn kein bisschen hast trösten können. Das hätte er von dir gebraucht.

– Ihn trösten? Das, was er von mir will, kann ich ihm nicht geben. Das ist es.

Aufgewühlt und mutlos saßen sie da. Beide sahen, wie erledigt der andere war. Sie schienen sich einander nähern zu wollen, es geschah aber nicht. Die Gedanken beruhigten sich allmählich. Sie saßen dem Totenbett zugewandt.

5

Rolv hatte das Gelände des Hofes wieder verlassen. War aufs Geratewohl losgelaufen, irgendwie blieb ihm sonst nichts übrig. Ihm war, als würde ihm jemand folgen. Niemand war zu sehen. Nur der Hof.

Schau, da ist der Li-Hof, den ich mal übernehmen soll.

Er sah den Hof von einer Stelle auf freiem Feld aus. Er machte sich von hier aus besonders gut. Guter Hof. Ja, ja, irgendwer würde ihn schon übernehmen, wenn nicht er selbst. Irgendwer *musste* seinen Nutzen davon haben. So war das mit Höfen.

Er ging daran vorbei. Westwärts. Der Hof verschwand. Rolv spürte immer noch dieselbe Gegenwart hinter sich. Kurz darauf kam er schon wieder zurück, ging über die freie Strecke und verschwand im Osten. Und nach einer Weile kam er von dort und ging nach Westen. Jedes Mal sah er den Li-Hof, zu dem er gehörte.

Du rennst hier rum wie ein Verrückter, sagte er sich. Was suchst du, dass du immer wieder nach Hause schaust?

Dort war kein Mensch zu sehen, stellte er fest.

Er ging vorbei, ostwärts.

Ich muss zu Else.

Es widerstrebte ihm. Er hatte sie belogen, war ihr gegenüber feige gewesen. Aber jetzt war er verzweifelt. Egal! Sie mag mich, ich muss zu ihr gehen.

So jämmerlich, wie du dich jetzt fühlst.

Ja schon. Aber sie wird mich verstehen, wenigstens sie.

Ich muss einfach mit eigenen Ohren hören, dass jemand mich versteht. Du bist ein mieser Kerl!, du, dem es sonst nie schlecht gegangen ist!, dachte er voller Hass auf alles, was ihm bevorstand und naheging.

Ich gehe zu Else.

Er ging durch den Wald zu Else. Auf den Wegen war niemand zu sehen. Die Insel schien menschenleer. Alle saßen zu Hause jetzt nach vollbrachter Tat. Der Hof, auf dem man saß, wirkte wie Burgmauern.

Nicht einmal Kari Nes tauchte auf. Aber sie war ganz sicher irgendwo in der Nähe.

Schau, da lag der schöne Hof von Elses Eltern. Ihr Vater und ihr Bruder waren heute auch dabei gewesen. Jetzt saßen sie da drin und versuchten, mit ihrem Gewissen reinen Tisch zu machen. Niemand auf dem Hofplatz. Aber ein paar Fenster standen offen wegen der Hitze. Auch das von Elses Zimmer. Da drinnen sitzt Else und ringt nach Luft.

Rolv nutzte die Gelegenheit, dass das Fenster offen stand. Er postierte sich hinter einem Busch und pfiff eine Art Signal. Eines, das nur Else und er benutzten. Es war ganz still in dem Haus. Wahrscheinlich hörte sie ihn. Mein Liebster steht draußen und pfeift. Mein Liebster ist zum Mörder geworden.

Da war sie.

Er sah ihr Gesicht im Fenster auftauchen. Er pfiff noch einmal. Das Gesicht verschwand. Jetzt geht sie wohl zur Waschschüssel und wäscht sich das Gesicht.

Gleich darauf kam sie heraus. Er zog sich tiefer ins Gebüsch zurück und pfiff noch einmal. Es war wie die klägliche Nachahmung eines Spiels.

– Rolv!

Sie stand vor ihm. Sah ihn ratlos an. Er forschte in ihren Zügen und meinte, Liebe darin zu finden. Vor allem aber sah er Schrecken.

– Was willst du von mir?

– Findest du es so seltsam, dass ich dich treffen will? Ich muss mit dir reden.

Sie wich aus:

– Lass uns auf ein andermal warten.

– Nein, es muss jetzt sein.

Er sah, dass sie vor ihm zurückschrak. Das zu merken tat sehr weh.

– Willst du schon wieder gehen!

Sie blieb stehen. Er konnte sehen, sie wollte weg. Sich hier wegstehlen, zurück zu dem solide gezimmerten Haus, in dem sie geboren und aufgewachsen war, das war ihre Festung, wenn irgendwas passierte.

Sie sagte:

– Ich kann jetzt gerade nicht mit dir reden.

Er hielt sie fest. Ein vertrauter Griff des Arms um sie herum. So gewohnt, dass keiner der beiden Körper sich dagegen wehrte. Aber er spürte erneut, dass sie vor ihm zurückwich.

– Lass mich los, sagte sie.

– Nein, ich lass dich nicht los.

– Aber ich hab Angst vor dir, Rolv!

Wie sehr es wehtat, dass sie das sagte. Wie viel sie ihm *bedeutete*. Obwohl er sie belogen hatte. Jetzt könnte er sagen: Du bist mir so wichtig!, und es wäre die reine Wahrheit. Er fragte:

– Hast du *wirklich* Angst vor mir?

– Ja. Ich verstehe nicht …

Jetzt schrak *er* zusammen. Ihre Worte waren wie ein Schlag. Es ging eben darum, ihn zu verstehen oder nicht.

– Du verstehst nicht, sagst du? Das muss ich ganz genau wissen, Else. Wie du das siehst, was ich getan habe. Ob du findest, du *kannst* es vielleicht verstehen, oder ob es mich dir fremd macht.

Sie antwortete nicht.

– Kannst du nicht versuchen, es zu verstehen, bat er, und jetzt war er überhaupt nicht mehr stolz oder selbstsicher.

Sie blickte ihn scheu an, sah wohl nur das, was da hinter ihm war, und wurde davon geblendet.

– Nein, fremd? Das kannst du für mich ja nicht sein, aber … bitte, lass mich los.

– Was aber?, fragte Rolv.

Ja, er sah Liebe bei ihr, aber sie hatte so viel Angst, dass sie nicht nachzugeben wagte.

– Vielleicht muss ich es doch fremd nennen, sagte sie, sie musste sich dazu überwinden. Irgendwie, sagte sie. Ich habe ja nicht gewusst, wozu du imstande bist, aber heute habe ich es gesehen.

– Weißt du so sicher, wozu du vielleicht mal imstande wärst, Else?

Sie kam ins Stottern.

– Nein, aber … Nicht zu so was.

Sie verstummte. Wagte nicht, ihn anzusehen. Versuchte es mehrmals, schaffte es nicht.

– Du siehst mich an, als ob ich ein anderer wäre.

Sie sagte leise:

– Ja, du bist ein anderer. Einer, den ich nicht kannte. Du kannst dir vorstellen, es tut weh, das zu sagen, fügte sie hinzu, kindisch.

Ob kindisch oder nicht, das hörte Rolv nicht. Er war

allzu verzweifelt. Er versteifte sich nicht, suchte nur blind nach Unterstützung von jemandem.

– Soll man Inga denn so wenig lieben, dass man gar nicht durchdreht, egal, was ihr angetan wird?

– Wenn du es so sagst, sagte Else. Aber es ist … es ist nicht nur das. Und das weißt du. Das haben wir ja auch gelernt, als wir in die Schule gingen.

Warum erinnerte sie ihn an diese Zeit? Da waren sie Kinder.

– Lass die Zeiten aus dem Spiel, bitte.

– Na gut.

– Es geht mir darum, ob du verstehen willst, was ich getan habe, sagte er mit belegter Stimme.

– Ja, und ich bitte dich, lass uns erst mal nachdenken, was wir jetzt tun wollen. In Ruhe darüber nachdenken.

Er nahm ihr Wort auf.

– Nachdenken. In Ruhe. Denkst du, dafür habe ich Zeit? Ich sehe schon, was los ist, du willst nichts mehr mit mir zu tun haben. Willst dich von mir trennen. Traust du dich nicht, das zu sagen?

– Bitte verlange jetzt keine Entscheidung, sagte sie ängstlich. – Warte noch.

Endlich entließ er sie aus seinem Griff.

– Schau. Jetzt lasse ich dich los. Ich sehe ja, wo du stehst. Lauf ruhig weg. Mehr bin ich nicht wert!, fügte er unvermittelt hinzu.

Sie ging nicht. Stand da. Rolv sagte:

– Du schaffst es nicht, zu sagen, was du wirklich denkst. Aber ich kann es für dich sagen.

– Nein, kannst du nicht!

– Außerdem ist dir was eingefallen, vor ein paar Stunden hast du gemerkt, dass ich das mit uns nicht mehr will.

Dich nicht mehr will. Sag nichts, du hast es gesehen, und es stimmte. Und jetzt …

– Es reicht, Rolv. Lass uns an einem anderen Tag darüber reden.

Else wollte los. Schaffte es nur irgendwie nicht. Es ging auf den Abend zu. Eine seltsame Stille herrschte. Kein Wind. Kein Laut.

– Es wird Abend, sagte sie.

– Du kannst mich auch nicht verstehen.

– Rolv, gib mir ein bisschen Zeit mit allem. Ich muss jetzt gehen.

Er sagte in plötzlicher Wut:

– Siehst du nicht, dass ich dich längst habe gehen lassen!

Sie zuckte zusammen.

– Schon, aber …

– Du kannst gehen, sobald du willst.

– Rolv, das ist so schlimm.

– Ja, antwortete er und redete entschlossen weiter, es riss einen Graben zwischen ihnen auf:

– Wenn du mich wirklich lieben würdest, würdest du dich deswegen nicht von mir abwenden, das weiß ich genau.

– Aha, sagte sie gekränkt.

– Bist du böse auf mich?

– Du tust immer so, als ob du alles wüsstest. Aber ich weiß auch was.

– Ach so?

– Ich weiß, dass mit dir was ist, das zwischen uns steht. Was ist das? Jedes Mal, wenn ich lieb zu dir sein wollte? Du hast mich nicht geliebt!, sagte sie schließlich laut.

Er ließ es laufen, wie es kam. Alles egal. Er hatte sich in eine große Wut gesteigert. Er sagte schnell:

– Nein, ich habe es satt, dass du es nur weißt!

– Was?

Sie starrte ihn angsterfüllt an.

– Dass du es nur weißt!, warf er ihr hin. – Und jetzt kannst du gehen.

Sie trat ein paar Schritte zurück.

– Aber Rolv …

Sie spürten beide, dass etwas zerbrach. Völlig zerbrach. Er sah, sie hatte ihn geliebt. Sie hatte nur ins Blaue gesagt, er würde sie nicht lieben, aber jetzt, wo sie erkannte, dass es tatsächlich so war, verschwand alles, was ihr an ihm lieb gewesen war.

Er wollte etwas sagen. Dann bemerkte er, dass er alleine dastand.

Er ging allein weiter.

6

Die Dämmerung kam.

Sonst war sie allen willkommen. Es dämmert, pflegten die Leute zueinander zu sagen, wenn es im Herbst bei der Feldarbeit gegen Abend ging. Alle warteten darauf, dass es gesagt wurde. Ja, danke, dachte man dann und ging von der Plackerei nach Hause.

Heute Abend wurde darüber geschwiegen. Sie fanden es eher einen unheimlichen Anblick: Das Licht verschwindet. Dann wird alles noch schlimmer.

Die Dämmerung näherte sich sacht von See her. Und senkte sich, oder sie stieg vom Boden auf. Heute Abend aber war nichts Freundliches daran, wie das geschah.

Die Leute sahen es und dachten nur an die Nacht, die zwangsläufig folgen würde.

Es dämmerte in ihnen selbst. Sie begriffen es nicht. Die Dämmerung kam von einem unvertrauten Ort. Aus Abgründen, die sich aufgetan hatten.

Jetzt kam die Nacht.

Sie waren in ihren Wohnstuben, auf ihren Hofplätzen. In ihren Gärten oder Waldstücken oder an heimlichen Orten. Es machte keinen Unterschied, sie blickten ab und an verwundert auf und erinnerten sich: Ach, *hier* bin ich? Was hatte ich noch tun wollen?

Ihre heimlichen Orte würden sie bald verlassen müssen. Dort war kein Bleiben.

In etwas Entfernung sahen sie den Li-Hof. Sie schauten dorthin. Die Scheune ragte über den Hügelkamm. Sie wünschten, das Gebäude würde mit dem, was es barg, im Boden versinken. Das geschah aber nicht. So etwas versinkt nicht, im Gegenteil, es wächst und wird dreimal so groß, wie es in Wirklichkeit ist.

Zwei Frauen begegneten einander auf dem Weg. Beide trugen Milchkannen, passend zur Tageszeit. Essen musste ins Haus, Milch musste ins Haus, und die Kühe gaben Milch – ganz einfach eine Gewohnheit, über die man nicht weiter nachdachte. Und man schaute hinüber zur Scheune von Li. An die musste man denken. Würde irgendwas von dort kommen, man würde erschrecken, es wäre wichtig und etwas, wozu man sich verhalten musste.

Sie blieben stehen und sagten: – Ach ja, warm heute Abend. Beide schauten sie hinüber nach Li. Zu dem Hof. Der von fast überall zu sehen war. Die eine sagte:

– Ja, jetzt wird auf Li wohl alles anders.

– Als wäre ein Unglück allein nicht genug …

– Also dass Rolv …

– Dass der zu so was imstande ist.

– Man würde denken, der hätte gelernt, sich zu beherrschen.

Sie waren sich sofort einig über Rolv. Gottlob gab es einen, der die Schuld zu tragen hatte.

– Ja, dass der zu so was imstande ist.

– Rolv ist schuld an dem Ganzen, sagte die eine entschieden. Er hat das alles in Gang gesetzt.

– Natürlich war er das. Das wissen alle.

– Und er hat es *getan*.

– Wer sonst.

– Stimmt, die anderen sind mitgelaufen, was sollten sie tun. Aber gottlob, die haben sich beherrscht.

Sie blickten einander prüfend an. Was kann ich noch sagen, und du stimmst mir zu? Aber keine Sorge. Kein Schaden ist entstanden.

Und wo bist *du* gewesen?

Diese Frage kam nicht auf. An ihren Blicken erkannten sie, dass sie einander vor der roten Wand gesehen hatten. Das kam aber nicht zur Sprache.

– Also wirklich, dass Rolv …

– Ja, es hilft wohl nicht so viel, dass die von Li zur Schule gehen, sieht man ja.

– Nein, was soll die Studiererei. Man sieht ja, das bringt nichts.

– Der Alte steht jetzt übel da.

– Immerhin hat er seine große Scheune gebaut.

– Und was hat er jetzt davon?

– Nein, die vom Li-Hof …

– Was wird jetzt mit Rolv, was glaubst du?

– Bestraft wird er werden.

– Natürlich wird er bestraft!

– Ich weiß ja nicht, ich habe schon immer gewusst, dass mit den Leuten irgendwann was passiert. Die sind irgendwie so anders.

Weiter kamen sie mit ihren Schmähreden nicht, denn der Kies knirschte. Sie zuckten zusammen, dabei war es das ganz normale Geräusch von Schritten auf dem Weg.

Es war aber Kari Nes. Und sie war furchteinflößend. Noch nie hatten sie eine so hoch aufragende Frau gesehen, eine so dunkle. Sie rührten sich nicht vom Fleck. Das Verteidigungswerk, das sie gerade aufbauten, brach zusammen. Die Dämmerung senkte sich insgeheim und unheimlich darüber.

Kari Nes trat aus der hereinsickernden Dämmerung und sagte zu ihnen:

– Ihr solltet heute Abend am besten auch nach Li kommen. In der Scheune dort ist eine Versammlung.

Sie fragte nicht, ob sie wollten.

Und sie antworteten nicht. Versuchten nur, sich zu fangen. Meine Liebe, wovor hast du Angst? Das ist doch nur Kari Nes – die kennst du doch.

Aber sie ist so entsetzlich groß.

Sie ragte direkt vor ihnen auf, und wie sie es auch versuchten, es gelang ihnen nicht, sie zu gewöhnlicher Größe zu verkleinern. Sie sprach sie wieder an:

– Habt ihr nicht gehört?

Sie sprach mit schneidender Stimme.

– Ja, doch, ja, antworteten sie hastig.

– Ihr solltet hingehen. Ich denke, das wäre das Beste für euch.

Sie werden es tun. Hatten schon so oft irgendwelche Behauptungen von Kari Nes gehört und sie gleich wieder vergessen. Sich nicht damit aufgehalten. Aber jetzt horchten sie eingeschüchtert auf ihre Worte.

– Hat Karl dazu eingeladen?, wagte die eine zu fragen.

– Das tut nicht Not, antwortete Kari.

Nein. Das stimmte. Jetzt hatten sie die Aufforderung erhalten, jetzt würden sie hingehen – was auch immer dort geschehen sollte.

Karis Augen waren groß auf sie beide gerichtet. Was hatte diese Kari Nes heute nur an sich? Sie beugten den Nacken. Trotz allem gut, dass sie die Aufforderung bekommen hatten. Dann wussten sie, wohin mit sich in dieser ruhelos durchwachten Nacht. Ruheloses, schleppendes Hin und Her – aber jetzt hatte man ihnen gewissermaßen ein Ziel gesetzt. Jetzt war es gesagt. Geht zu der roten Scheune. Dort liegt einer, derjenige, der euch verbindet.

– Gehst du überall herum und sagst Bescheid, Kari Nes?, fragten sie ehrerbietig.

Sie nickte.

Dann verlor sie etwas von ihrer Kraft und sagte hart:

– Es fällt kein Vogel zu Boden, ohne dass Gott im Himmel es will.

Da *war* sie, so, wie sie sie kannten. Blitzschnell spürten die beiden Frauen Karis Zweifel, da hakten sie ein und fragten:

– Ist das dein Glauben?

Sie antwortete hart. Hart und laut.

– Gott helfe uns, es zu glauben!

Sie stiefelte von dannen.

Die beiden sagten nichts zueinander.

Nach Li, dachten sie. Und alle kommen.

7

– Es dämmert, sagte Mari Li.

Karl antwortete, ohne den Kopf zu heben:

– Ich seh's.

Sie saßen da wie zuvor. Im selben Zimmer.

In diesem Zimmer werden wir sitzen bis zum Ende unserer Tage. Wir werden immer in ihrem Zimmer sein, egal, wo wir sind.

Das hätten sie zueinander sagen können. Aber es war nicht nötig.

Draußen senkte der Tag sich. Gleich war er vorbei, der Unglückstag. Dann entging niemand mehr der Nacht.

Marie sagte noch einmal:

– Es dämmert rasch.

– Ich seh's.

Sie machten die Lampe an. Saßen weiter da. Lauschten gespannt. Das Geräusch, das sie erwartet hätten, blieb aus: Schritte die Treppe herauf oder so etwas.

Rolv kam nicht. Seine Mutter sagte:

– Tut es dir jetzt leid, Karl?

– Nein.

Sie wusste nicht, ob es ganz so selbstsicher klang wie zuvor. Jetzt sollte sie ihn noch mehr verunsichern. Nein! Verzeih mir.

– Er kommt sicher nicht mehr zurück!

– Sei still, sagte er. Sag nicht so was.

Eine Weile saßen sie da und lauschten nach Schritten. Dann sagte sie:

– Du hast ihn vertrieben.

– Ja, so darfst du es nennen.

– Aber Rolv ist auch mein Kind.

Er antwortete:

– Ich hab gezittert wie Espenlaub wegen Rolv.

Das ließ die Mutter für eine Weile verstummen. Während sie weiter lauschten, ob jemand von draußen aus dem Abend kam. Nein, niemand. Sie sagte:

– Er hat nicht viel Unterstützung von dir bekommen.

– Nein.

– Aber die darf er erwarten, du bist sein Vater.

– Ich habe dir erklärt, warum ich nicht anders konnte. Lass jetzt gut sein.

– Ja, gut, aber …

– Er ist ja irgendwo da draußen!, sagte er.

Er sagte es mit solcher Zuversicht, dass sie ihn am liebsten bei der Hand genommen hätte. Jetzt stand sie am Fenster und schaute hinaus. Er ist irgendwo da draußen, dachte sie. Karl hat es gesagt.

Sie fuhr zusammen:

– Da! …

– Was siehst du?

– Nein, das ist er nicht. Da kommen Leute.

Karl stand auf und schaute ebenfalls hinaus. Ins Halbdunkel, bis die Augen keinen Halt mehr fanden.

Noch mehr Leute kamen.

– Was hat das zu bedeuten?, fragte sie ängstlich. Glaubst du, sie haben eine Nachricht wegen Rolv?

– Nein!, sagte er. Wenn sie etwas entdeckt hätten, würden sie nicht so kommen, das siehst du doch!

Jetzt waren die Leute von diesem Fenster aus nicht mehr zu sehen. Die Dunkelheit an den Wänden des Hauses verschluckte sie.

Karl Li fiel etwas ein:

– Ja, stimmt, ich habe wohl so etwas gesagt wie, ich will mit ihnen reden.

– Wann denn?

– Als sie heute heimgingen. Aber ich weiß nicht, was ich damit gemeint habe. Ich habe ihnen hinterhergerufen, dass wir uns treffen sollten. Ich hatte das Gefühl, ich wäre ihnen schuldig, so etwas zu sagen. Aber dass sie *so* schnell kommen würden, habe ich nicht gedacht.

– Was um alles in der Welt willst du von ihnen?

– Du hörst doch, ich habe nicht gedacht, dass sie so schnell kommen.

Und er fuhr fort: – Ich habe heute Abend nach niemandem gesandt. Sie kommen von sich aus.

– Ja, aber sie warten wohl auf dich. Wenn du sie darum gebeten hast.

Sie sahen, dass noch mehr Leute herübergewandert kamen. Manche hatten Lampen, etliche Lichter schlängelten sich heran. Nur schwach zu erkennen. Ganz jämmerlich. Gerade mal, dass sie nicht erloschen. Die Dunkelheit nahm immer noch stetig zu. Jens pflegte eine Lampe an seine Vordertreppe zu hängen, so dass der Hofplatz nicht ganz im Dunkeln lag, und so auch heute Abend. Gerade kam Jens mit der Lampe. Er stutzte, als das Licht auf die Leute an der Scheunenwand fiel. Sie wirkten, als ob sie es rasch zu hell fänden. Jens ging wieder hinein.

Auch direkt bei Karls Tür waren Leute. Aber sie klopften nicht an. Er schaute zu ihnen hinunter. Vier Männer.

Er sah ihre Schultern. Die gerundeten Arbeitsrücken. Leute, die es gewohnt waren, schwer zu schleppen.

Da standen sie mit ihrer Beschwernis. Der neuen. Karl Li war nicht derjenige, der sie ihnen nehmen konnte.

Mari Li sagte:

– Da hast du dir was eingebrockt!

– Das ist ein Missverständnis!, antwortete er. Ich gehe gleich mal runter und sage ihnen das.

– Wenn sie stattdessen Rolv suchen würden!, sagte sie bestimmt. Ich gehe selbst runter.

Sie wollte das Fenster öffnen und etwas hinausrufen. Karl hielt sie zurück.

– Nein, mach das nicht.

– Warum?

– Es würde ihn nur erschrecken, wenn eine ganze Suchmannschaft ankommt. Lass ihn zur Ruhe kommen.

Sie gab es auf.

Die vier Männer standen noch am selben Fleck. Wechselten das Standbein, warteten. Bei der Scheune drüben waren offenbar viele Leute. Und über den Weg wanderten weitere Laternen heran. Ihr Licht schimmerte heller.

– Ich muss runtergehen, sagte Karl Li.

– Und was willst du dann tun?

– Einfach bei ihnen sein, sagte er entschlossen. Wenigstens darauf haben sie einen Anspruch.

– Ich bleibe hier oben, sagte sie.

Er ging hinunter. Die vier standen direkt neben der Tür. Sie blickten ihn fragend an. Er kannte die Männer sehr gut, aber sie waren nicht ganz sie selbst. Waren verlegen, als er zu ihnen trat, und sagten nacheinander:

– Dunkel heute Abend.

– Der Wind hat gedreht …

– Kommt jetzt von Süd.

– Gibt sicher Regen.

Karl Li nickte. Er fand keine tauglichen Worte. Weil er nicht antwortete, zogen die vier sich zurück. Verschwanden im Schatten. Karl Li hörte, dass überall Leute waren. Er ging wieder hinein. Noch ein bisschen warten, dachte er, als bäte er im letzten Moment um Bedenkzeit.

8

Auf dem Heuboden in der Scheune bei Haug und Dal war es stockfinster. Draußen war Licht, aber der Schein drang nicht herein. Hier wollte auch niemand Licht. Haug saß auf der einen Seite, Dal auf der anderen, irgendwo zwischen ihnen die Bahre – das war alles.

Sie hatten lange kein Wort mehr gewechselt. Aber dann war Dals Stimme zu hören. Sie kam gleichsam aus einem Heuhaufen an der Wand:

– Bist du noch da?

– Natürlich, kam die Antwort von der Wand gegenüber. Haugs vertraute Stimme.

– Ich kann gern hierbleiben, wenn du gehen willst, sagte Haug dann noch.

– Nein, geh *du*.

– Geh du, dann kannst du zu Abend essen.

– Du kannst genauso zu Abend essen. Ich brauche nichts.

Sie klangen etwas gereizt. Als stünde etwas zwischen ihnen, die sonst immer so gut miteinander klarkamen.

Da im Dunkeln stand die Bahre, und sie wachten eifersüchtig darüber. Das war *ihre* Sache geworden. Beide hofften, der andere würde irgendwann gehen. Wollten das hier für sich haben. Wollten erleben, dass der andere es nicht mehr aushielt, dass er floh – und man selbst blieb stark, blieb sitzen, hielt durch, fand Erlösung.

– Wissen die bei dir zu Hause, dass du hier bist?

– Ja. Sie haben gesehen, wo wir hingehen.

Zwecklos.

Anfangs hatten sie sich den anderen armen Leuten, die an ihrer Reue zu kauen hatten, überlegen gefühlt, da sie sich dieses Opfer gesichert hatten: an der Leiche des Mörders Wache zu halten. Auf Kosten der anderen, die so etwas nicht tun konnten. Insgeheim hatten sie sich daran gestärkt. Aber das hielt nicht an. Jetzt fanden beide, sie müssten alleine hier sitzen, wenn es etwas bringen sollte! Warum kann er nicht gehen?

Ringsum in der Scheune gab es allerlei verschiedene Abteile. In der Etage unter ihnen. Viehställe und Kornspeicher. Jens hatte viel Platz für seine Ernte. Das Heu konnte er locker auslegen, so konnte es trocknen, wenn es noch etwas feucht war. An manchen Stellen hatte Jens Laub zum Trocknen aufgeschüttet. Den unreif geernteten Hafer wieder an einer anderen. Die Kornspeicher waren noch leer. Bald würde aber das reife Korn hereinfluten. Aus den Viehställen waren stampfende Beine zu hören. Dumpfe Stöße von Hörnern an der Wand. Die Scheune war groß und vielfältig, aber das beachteten Haug und Dal nicht – obwohl es sie sonst tief im Herzen berührt hätte.

Mein Herz? In dem sieht es finster und hässlich aus. Frag bloß nicht.

Draußen räusperte sich jemand. Leute waren herangekommen, jetzt standen sie da.

Was war das?

Die Scheune zog sie an. Aber nicht wegen der herrlichen Möglichkeiten, mit denen sie verbunden war – nein, wegen des bleischweren Gewichtes, das sie heute Nacht beherbergte. Hier war gewissermaßen das schlechte Gewissen aller abgelegt, jetzt kamen sie, um nachzusehen.

Haug und Dal hörten noch mehrere Leute kommen. Sie wunderten sich nicht darüber.

Die Scharniere des großen Einfahrtstors kreischten, jemand fragte vorsichtig in die Dunkelheit:

– Ist da wer?

Lass ihn ruhig noch mal fragen.

Das tat er auch, dieser Besucher mit dem beschwerten Gewissen.

– Ist da wer?

Sie schwiegen wie eine Wand.

Lass ihn ruhig noch mal fragen.

Er tat es nicht. Wagte es nicht. Die Stille nach seinen Fragen wirkte allzu bedrohlich. Sie hörten seine Schritte die Hochfahrt hinaus. Sie waren ihn losgeworden. Wir lassen hier niemand rein.

Sie hörten dann und wann noch andere Leute kommen. Fühlten es wie einen Anspruch an sich und verhärteten sich innerlich: Wir lassen hier niemand rein.

9

Rolv floh vor alldem. In ihm surrte der Gedanke: Mir bleibt nur fortzugehen. Niemand wird mich verstehen.

Er ging über einen Pfad in den Wald hinein. Die Dämmerung war hier irgendwie nicht so schnell wie draußen im Offenen. Er hatte schlicht das Bedürfnis, sich zu verstecken. Irgendwo unterzukriechen, Deckung zu finden – und dann Schluss damit.

Was sollte jetzt noch kommen. Weitermachen schien unmöglich. Er musste ein für alle Mal gehen. Allerdings dachte er darüber nicht klar nach. Die schlimmen Geschehnisse waren noch zu frisch. Er war halb benommen.

In einer Kurve traf er einen Nachbarn. Beide erschraken. Der Nachbar wünschte unwillkürlich einen guten Abend. Verlegen. Bei Rolvs Gemütsverfassung tat das nur noch mehr weh. Die Leute scheuen mich. Er drückte sich rasch vorbei. Doch kurz danach begegnete er wieder zweien, die zusammen gingen. Und ein Stück weiter war eine einzelne Frau zu sehen. Alle hatten dasselbe Ziel. Li.

Das waren Bekannte, er straffte sich innerlich und fragte forsch, wohin sie wollten.

– Nach Li, sagte der eine. Wie er aussah, schien er sich dabei etwas zu schämen.

– Wir haben Nachricht gekriegt, dass wir kommen sollen, fügte der andere rasch hinzu.

– Heute Abend?, fragte Rolv nach.

– Ja, wir haben Nachricht bekommen. Sie gingen weiter. Wollten von ihm weg.

– Li, da bin ich doch zu Hause, wunderte sich Rolv, als sie weitergingen.

Die einzelne Frau war keine andere als Gudrun. Ivars Frau. Aus irgendeinem Grund schienen die beiden lieber allein zu gehen. Alle schienen voreinander verlegen zu sein.

Rolv wartete. Da kam Gudrun. Sie wäre ihm lieber nicht begegnet, das war deutlich zu spüren. So war es mit allen. Er bekam Lust, unfreundlich zu ihr zu sein. So wie die Dinge standen, konnte er sich benehmen, wie er wollte. Konnte sagen, was ihm gerade so einfiel.

– Stehe ich dir im Weg, Gudrun?, fragte er, er stand so auf dem schmalen Pfad, dass sie nicht vorbeikam.

Sie nahm den ruppigen Ton wahr, blieb stehen, blickte zur Seite und antwortete nicht.

– Du willst wohl auch nach Li?

– Ja.

– Hast Nachricht bekommen?

– Ja.

– Von Vater?, fragte er ungläubig.

– Von Kari Nes. Die war überall, glaube ich.

Das traf ihn. Aber *ihm* konnte das jetzt egal sein. Sollte Kari Nes doch tun, was sie wollte.

– Warum stehst du da, als ob ich dich bei irgendwas ertappt hätte, Gudrun?, fragte er.

Sie war ohnehin schon gequält und verzweifelt genug und antwortete im selben Ton:

– Ich habe dir keine Rechenschaft abzulegen, soweit ich weiß.

Rolv ließ nicht locker. Fühlte sich ausgestoßen und voller Unwillen gegenüber allen, denen er begegnete.

– Und dein Mann, will der jetzt nicht nach Li?

– Rolv, hör jetzt auf. Du solltest am besten den Mund halten, du bist schließlich an allem schuld.

Er brauste auf:

– Ich soll schuld sein?

– Du hast alle mitgerissen in den Wahnsinn!

– Sagen die Leute das?

– Ja, tun sie. Was soll man auch sonst sagen. Und jetzt lass mich durch!

Sie wollte vorbei, aber er versperrte ihr den Weg.

– Warte noch, sagte er.

– Muss ich erst um Hilfe rufen?

– Wenn du willst. Wir sind doch alte Bekannte. Und jetzt willst du nach Li, Gudrun? Li, da bin ich zu Hause, das sage ich allen, denen ich hier begegne. Li ist mir so vertraut, es ist seltsam, euch alle dahin gehen zu sehen.

– Lass mich durch, sag ich, da kommen Leute.

– Macht das was?

– Das ist widerlich, das hier!, sagte sie ehrlich. Es beschämte ihn, das zu hören. Trotzdem ließ er sie nicht durch. Hinten kam jemand gegangen. Ein einzelner Mann.

– Ich habe keine Eile, sagte Rolv, ich habe jetzt alle Zeit.

– Du?

– Ja. Jetzt wollt ihr euch also versammeln und mich steinigen, ja? Oder wie soll ich das verstehen?

– Dich steinigen?

– Ja, so sehe ich das. Du sagst, ich bin schuld.

– Bist du ja auch. Du hättest die andere nicht bereden dürfen, mitzumachen.

Das sagte sie ganz leise, aber er nahm ihr gequältes Gesicht wahr. Verschlossen und geplagt war es.

– Ist das alles, was du mir zum Abschied zu sagen hast, Gudrun?

Sie antwortete nicht. Jetzt zitterte er wieder. Ihm war, als würde alles um ihn herum dunkel werden und brausen.

– Ihr könnt euch auf meinem Hof versammeln und tun, was ihr wollt, sagte er, *mich* betrifft das nicht.

Er trat beiseite, sie konnte durch. Und sie ging. Schnell. Ohne ihn anzusehen. Verängstigt. Das schien das bewirkt zu haben, was er gesagt hatte. Sie beeilte sich, außer Sichtweite zu kommen.

Als nächstes kam Ivar. Ihr Mann. Rolv trat beiseite, um ihn durchzulassen.

– Guten Abend, Ivar, beeil dich, falls du deine Frau einholen willst.

Ivar blieb stehen. Stand da mit seiner Bürde. Betrachtete Rolv mit demselben scheuen Blick. Der einen zum Äußersten treiben konnte.

– Ich habe dich genau gesehen, Ivar, sagte Rolv bedrohlich. Du warst ganz nah dran, als der Mann starb.

Ivars Augen zuckten.

– Von dir hat er ganz sicher auch was abgekriegt, Ivar.

– Darum gehe ich ja jetzt da hin, sagte Ivar.

Rolv verstummte, schien sich auf Ivar zubewegen zu wollen, aber da war dieser schon weg. Nur noch sein Rücken zu sehen. Dann verschwand auch der.

Rolv bog seitwärts ab, direkt ins Gebüsch. Ich mag keine verängstigten Augen mehr sehen. Keinen Menschen mehr.

Das Unterholz war dicht. Dunkel. Er legte sich auf den Boden. Ausruhen. Keine Menschen mehr sehen. Bis auf diesen Gedanken war sein Kopf leer.

10

– Hast du ihn gesehen?, fragte Mari Li, als ihr Mann wieder ins Zimmer kam.

– Nein. Aber unten sind überall Leute, das habe ich gesehen. Und es kommen noch welche nach.

– Hat niemand ihn gesehen?

– Hab ich nicht gefragt.

Sie stellte gerade Kerzen auf den Tisch. Und hielt erschrocken inne, als er das sagte.

– Ich werde nicht klug aus dir, Karl.

– Ich hab es nicht geschafft, antwortete er und legte damit weiteren Vorwürfen einen Riegel vor.

Jetzt bemerkte er auch, wie viele Kerzen und Leuchter hier standen. Gerade brachte seine Frau noch welche. Das Zimmer wirkte ganz leicht dadurch. Leichter zu betreten. Die Tote, die hier lag, geriet gleichsam ins Schweben.

– Was willst du mit all den Kerzen?, fragte er trotzdem.

– Oh …

Sie zögerte. Statt zu antworten, zündete sie weitere Kerzen an und stellte sie hin. Auf diesem schönen alten Hof gab es viele Leuchter. Sie platzierte sie überall. Ihr Mann beobachtete sie staunend. Verfolgte, wie sie das Zimmer geradezu aus dem Unglück heraushob. Das schlichte Zimmer mit den blass gebeizten Wänden. Es wirkte so, als wären diese Wände dünn wie Laub, und als wäre das Zimmer ein Schiff, das mit seiner Ladung davon treibt.

Er bedankte sich nicht bei ihr, aber er war dankbar. Sah die starke Wirkung von dem, was sie tat. Dann wurde ihm bewusst, dass sie sich selbst wohl jetzt als kinderlos begriff.

Ihr Gesicht war starr. Eine Maske, ohne Ausdruck. Aber sie war mit an Bord.

Sie standen jeder an seiner Stelle und ließen sich mittragen.

Es klopfte an der Tür. Sie zuckten zusammen.

Jens kam herein. Er stutzte. Sein Gesicht war verfinstert. Wahrscheinlich erkannte er nicht, dass er ein sehr, sehr dünnwandiges Schiff betreten hatte. Er kam von draußen, wo all die Nachbarn sich die Wände entlang aufgebaut hatten. Er stutzte nur angesichts all der Kerzen.

– Ich bringe eine Nachricht von den Leuten draußen, Karl, sagte er. Sie wollen gern mit dir reden.

– Ich weiß nur nicht ..., sagte Karl Li.

– Sie haben mich darum gebeten, sagte Jens. Du hattest etwas gesagt von wegen, dass du sie treffen willst.

Karl antwortete nicht.

– Das hast du doch?

– Ja, irgendwie schon, aber ...

– Sie haben Nachricht bekommen, dass sie sich hier versammeln sollen, sie alle, berichtete Jens.

– Nachricht? Ich habe keine geschickt. Das stimmt nicht, niemand sollte das behaupten.

– Kari Nes ist herumgegangen und hat das verbreitet, so war es, sagte Jens.

– Kari Nes? Mit der habe ich überhaupt nicht geredet.

– Sie war in jedem einzelnen Haus mit der Nachricht.

Jens sagte nicht, was er bei anderer Gelegenheit angebracht hätte, nämlich: Ich hab mir schon gedacht, dass das mal wieder einer von ihren Einfällen war. Nein, er berichtete es als etwas Wichtiges, Entscheidendes. Seine Begegnungen mit den Leuten draußen hatten dafür gesorgt.

Sie spürten, wie Kari Nes' Schatten vor ihnen aufstieg. Mari Li rührte sich nicht. Jens bedachte Karl mit einem bezwingenden Blick.

– Du musst wirklich kommen, Karl.

– Ich weiß einfach nicht, wie ich ihnen begegnen soll! Karl Li war ratlos.

– Kommt trotzdem mit raus, runter zu uns. Jens drehte sich um. Und Karl Li folgte ihm …

– Es dauert wahrscheinlich nicht lange, Mari.

Sie nickte. Den Rücken ihnen zugewandt.

11

Irgendwo im Unterholz auf der Insel saß immer noch Rolv.

Dreh dich um …

Ihm war, als würde etwas an ihm ziehen. Etwas leistete ihm Gesellschaft. Er wusste, da war niemand, dennoch. Es war nichts anderes als seine eigene Angst. Aber sie nahm Gestalt an, als wäre jemand hinter ihm, nach dem er sich umdrehen müsste.

Es war so dunkel hier, dass er die Umgebung nur sehr ungenau erkannte.

Immer noch hörte er Schritte auf dem Weg hinten. Jemand war unterwegs nach Li und trat nach unsichtbaren Steinen. Rolv wusste nicht, wie lange er schon so saß, vielleicht nicht mal lange. Die Leute gehen nach Li. Da bin ich zu Hause, ich kenne dort jeden Winkel. Jedes Astloch in den Wänden.

Horch, da gehen meine Nachbarn und versammeln sich und schieben mir die Schuld zu.

Aber das soll mich nicht erreichen.

Er konnte keine Ordnung in die Gedanken bringen, die ihm durch den Kopf zogen. Nur, dass es jetzt vorbei war. Er war ausgestoßen, er musste sehen, wie er damit zurechtkam.

Er war durcheinander, ihm war, als würde jener Begleiter hinter ihm hervorkommen und jetzt da stehen. Sich ihm zuwenden. Allerdings gesichtslos.

Komm, schien die Gestalt zu sagen. Nicht beängstigend.

Rolv zitterte und spürte, dass er Ja sagen musste.

Ja, komm nur.

Es klang freundlich.

Rolv hatte dennoch Angst. Er sagte laut, jämmerlich, verzweifelt, wie er war:

– Hilf uns Armen auf.

Dann saß er wieder still.

Es gibt nur noch Böses zu erwarten, nichts sonst, schien es ihm zu erzählen. Und er selbst glaubte es auch. War bereit, aufzustehen und diesem Gesichtslosen entgegenzugehen, der auf ihn wartete. Mit hängenden Armen hinzugehen. Der andere würde ihn entgegennehmen, stark und still.

Wieder rief es, freundlich:

Komm nur.

Ja, aber …

Ihn hielt vieles zurück. In seiner Verwirrung meldete sich bald das eine stärker, bald das andere. Es erwachte und griff nach ihm.

Er fühlte sich zerrissen. Dennoch war das, was da wartete und freundlich »Komm nur« sagte, stärker. Rolv spürte, er konnte nicht mehr ernstlich widerstehen.

Da knackte ein trockener Zweig ganz in der Nähe. Ein trockener Zweig unter einem Fuß.

Rolv fuhr auf.

Das Gesichtslose löste sich auf.

Kommen sie jetzt? Sie sollen mich in Ruhe lassen, sie verstehen ja doch nichts.

Er wollte wegrennen.

Ach nein, lass mich ihnen lieber meine Meinung sagen, wenn sie kommen.

Wer da kam, ging ruhigen Schrittes. Zeichnete sich im Halbdunkel ab und erwies sich als Frau. Kari Nes.

Was will die von mir? Ich will nichts mit Kari Nes zu schaffen haben. Will die mich auch nach Li zerren? Seine Gedanken rasten im Kreis. Er hatte Angst vor ihr.

Sie schien ihn gesucht zu haben, sie kam direkt auf ihn zu und sagte:

– Hier bist du also.

– Ja, was gibt's?, fragte Rolv müde.

– Ich habe eine Nachricht für dich, Rolv, ich habe dich gesucht.

– Ich will von niemandem Nachricht, antwortete Rolv. Entgegen früherer Gewohnheit hatte er vor Kari Nes jetzt Angst. Sie wirkte so groß und mächtig, wie sie da stand. Er baute sich abwehrend auf. Aber sie sprengte das weg, worin er sich gerade hatte einspinnen wollen: Er fühlte sich verloren.

Kari Nes sagte:

– Auf Li bist du zu Hause, nicht wahr?

– Ja, und?

Er war getroffen, dass sie dieselbe Wendung benutzte wie er gegenüber Gudrun und Ivar. Kari Nes sagte es nicht als eine Frage. Sie wusste natürlich, wo er wohnte. Sie stellte es einfach fest.

– Am besten gehst du wieder nach Hause, sagte sie, das ist die Nachricht, die ich für dich habe.

– Von wem?

– Ich sage es einfach, sagte sie.

– Schicken Vater oder Mutter dich?

– Nein, sie schicken mich nicht. Aber komm jetzt mit nach Hause.

– Da hab ich nichts zu schaffen, sagt er trotzig. Sie war

auch nicht *nur* stark, diese merkwürdige Frau vor ihm. Sie war sonst immer unsicher und verloren, und das brach ab und an durch. Aber an diesem Tag heute verfügte sie über eine Macht. Sie hatte etwas an sich, das nicht ihr Eigen war, begriff man.

– *Hier* hast du nichts zu schaffen, sagte sie. Du darfst dich nicht wegwerfen.

Und du hast mir keine Predigten zu halten, hätte er am liebsten gesagt, ließ es aber sein. Stattdessen wollte er langsam weggehen. Da wuchs sie wieder zu neuer Größe:

– Halt, sage ich.

– Für wen hältst du dich!, begehrte Rolv auf. Ihm war in den Sinn gekommen, wie sie sonst auf ihren Runden immer dieselben Sprüche aufsagte.

Sie schaute ihm ins Gesicht. War auf einmal ganz dicht vor ihm und sagte erschrocken:

– Ich bin so voller Trauer wegen all denen, die gegangen sind …

Sie sagte nicht noch einmal Halt. Er war stehen geblieben. Er begriff dieses Gesicht nicht. Sie war nicht größer als er selbst, ihre strengen Gesichtszüge ganz dicht vor ihm. Ein schönes Gesicht. Rolv fiel die Zeit ein, da es anmutig und voller Lachen gewesen war. Bevor ihr Mann und die Söhne auf See geblieben waren.

Er sah, dass ihre Augen jetzt im Dämmer licht und strahlend waren. So dicht vor ihm, dass er das sah. Sonst erkannte man das nicht. Sonst konnten sie nicht so sein. Heute Abend strahlten sie weit offen.

Sie sagte:

– Du läufst einfach weg, ganz ohne nachzudenken.

– Habe ich nicht nachgedacht?

– Nein, sonst wärst du nicht weggelaufen.

Rolv sagte:

– Nach dem, was heute passiert ist, kann es für mich nichts mehr geben. Was soll ich sonst tun als weglaufen?

– Damit vergrößerst du das Unglück nur noch, sagte sie.

– Ich will niemanden mit meinem Anblick quälen, sagte Rolv. Und ich will auch, dass es mir nicht schlecht geht.

– Jetzt komm schon, wir gehen nach Li, sagte Kari Nes, als ob sie nichts davon gehört hätte.

Rolv stand da. Kam weder vor noch zurück. Trotz seiner offenen Worte. Brachte es aber nicht mehr über sich, einfach zu gehen.

– Hörst du nicht, was ich sage, Rolv!

– Nein!

Er hatte Angst, als er das sagte, aber sagen musste er es, und auch noch mehr:

– Was fällt dir ein, die Leute herumzukommandieren und dich überall einzumischen! Dich geht nichts davon im Geringsten was an.

Sie antwortete nicht darauf. Sie wirkte wieder so hoch und streng, während es dunkler wurde, es war ganz unheimlich. Sie *hatte* Macht.

Trotzdem musste er weitermachen, sich ihr widersetzen, ihr wehtun, sie schwächen.

– Du bist ja nicht bei Verstand, sagte er.

Auf Kari Nes wirkte es wie ein Schlag. So einer, der wehtut, aber nichts ändert.

Rolv spürte, dass er gegen sie verloren hatte, versuchte es aber noch:

– Alle wissen, dass du nicht bei Verstand bist.

Er sah, wie weh es ihr tat. Dann antwortete sie unumwunden:

– Genau das macht mir so grausam Angst.

– Was denn?, entfuhr es ihm.

– Dass ich nicht weiß, was ich bin. Hätte man nur Glauben wie ein Senfkorn, Rolv, man bräuchte sich kein bisschen mehr zu fürchten.

Er schwieg.

– Warum tust du mir dann mit Absicht weh, Rolv?

Er schwieg weiter.

– Sie haben mir heute Abend alle geglaubt, als ich gesagt habe, sie sollen zum Li-Hof gehen, sagte sie. Gut, beinah alle …

– Ja, das habe ich gesehen. Was sollen sie dort?

– Sie wollten gern zusammen sein, antwortete sie unsicher. Du musst auch dorthin, du auch, weißt du. Rolv!

– Ja?

– Ich *weiß* ja, dass ich immer herumlaufe. Aber ich weiß sonst nichts zu tun.

Sie fügte hinzu:

– Sie sind fortgegangen!

Rolv zuckte zusammen. Sie redete weiter. Sammelte ihre Kräfte, um ihm zuzureden:

– Komm nach Hause, Rolv, dann mag es gehen, wie es will. Darum bitte ich dich, ich, die ich selbst Söhne verloren habe.

Und jetzt empfand er es als zwingend. Er wollte es unbedingt sofort sehen. Er wollte sich dem überlassen. Hinter ihren Worten war etwas Lockendes. Das Leben. Hatte er ernsthaft gedacht, es zurückzulassen? Er wagte nicht mehr, das mit Sicherheit zu sagen.

Es war kein Wendepunkt, der etwas auslöste, sondern Rolv gab einem Anspruch nach. Auf Li hatten sie einen Anspruch auf ihn.

– Niemand dort versteht mich, sagte er, ich habe die ganze Zeit danach gefragt.

– Geh einfach, sagte sie nur.

Er hätte gern gefragt: Und du, Kari Nes, kannst du mich verstehen? Dass ich das getan habe? Er brachte es nicht über sich. Sie war zu ihm gekommen, das war auch schon etwas. Sie hat mich gefunden, egal, wo ich mich versteckt hatte!, dachte er. Sie sagte:

– Jetzt gehen wir nach Li, wo du geboren bist.

– Ich weiß nicht, was ich da noch soll.

– Doch, doch, das weißt du.

Ja, stimmt, dachte er.

– Wir gehen dorthin, wo alle anderen sind, sagte sie, etwas anderes zu denken, nutzt nichts.

Sie ging los. Kari Nes war groß auf dem Pfad vor ihm. Er stellte sich vor, wie sie heute Nacht zu den Leuten gegangen war, plötzlich auf einem Weg aufragte, auf dem Hofplatz, in der Wohnstube, wo auch immer, und sie zusammenrief. Kein Wunder, dass sie alle vollständig erschienen.

Und sie war nicht richtig im Kopf? Was wusste man schon. Heute hatte sie etwas an sich, das ihr Macht verlieh.

Sie kamen auf einen besseren Weg und gingen Richtung Li. Mit langen Schritten. Besser, nicht zu säumen.

Niemand war mehr unterwegs. Offenbar waren alle, die wollten, schon auf dem Li-Hof. Es war dunkel und still. Neben wem gehe ich?

Das werde ich nie erfahren. Sie ist verwandelt. Wenn sie ruft, muss man folgen …

Hier und da wischten ihnen belaubte Zweige übers Gesicht. Kräuter dufteten im Dunkeln. Die Höfe lagen schwarz. Von See her kam ein leises Brausen.

Jetzt ist Inga schon lange starr.

Bei dem Gedanken blieb er stehen. Wie um nach dem Sinn darin zu suchen, dass Inga tot war. Er wurde ihm aber nicht enthüllt.

Undeutlich sah er diese dunkel gekleidete Witwe. Sie schritt von dannen. Seit langem hatte sie den Mund nicht mehr aufgemacht. Sie wartete, dass er weiterging, endlich sagte sie etwas ungeduldig:

– Was ist, Rolv, kommst du nicht?

– Doch, doch.

– Stehen bleiben hilft nichts. Was sein muss, muss sein.

Sie kamen an einem kleinen Anwesen am Wegesrand vorbei. Zwei niedrige Häuschen. Unsagbar verlassen – denn man wusste, das war Kari Nes' Zuhause. Viele Zeichen des Verfalls waren an diesen Häusern. Das war jetzt vielleicht nicht erkennbar, aber man wusste es.

Sie gingen schnell vorbei.

Richtung Li. Dort liegt der Fremde in der Scheune. Darum ist die Scheune auf Li heute der Mittelpunkt.

Rolv, du hast ihn umgebracht.

Ich war es nicht allein ...

Auf dich allein zeigen alle.

Sie gingen rasch. Die Dunkelheit wurde dichter. Warm. Kühler Hauch zog von feuchten Niederungen her. Huh! Rolv trat auf etwas Glitschiges, das einen merkwürdigen leisen Schrecklaut von sich gab. Eine Kröte. Auf dieser Strecke gab es oft welche. Sie kamen in der Dämmerung aus den Gräben und saßen auf dem Weg.

Kari Nes sagte:

– Schau, wie hell es auf Li ist!

Ja, dort war es hell. Der Hofplatz war von einer Laterne erleuchtet, die draußen hing wie üblich. Aber aus dem Erdgeschoss der großen Scheune fielen hier und da Lichtstreifen. Offenbar hatten die Leute ihre Laternen in den Gängen aufgehängt. Und oben am Wohnhaus war ein Fenster ganz herrlich beleuchtet. Rolv stutzte, als er es sah. Er wusste, welches Zimmer das war.

Er schaute auf all das. Das ist mein Zuhause. Es fühlte sich ganz richtig an, dass er zurückgekommen war. Dann werde ich auch mal in die Scheune gehen.

Kari Nes glitt allein in die Dunkelheit.

12

Karl Li stand unter der Scheunenhochfahrt, im Gespräch mit Jens und noch ein paar Männern.

Jens und er waren aus dem schimmernd dahinziehenden Zimmer oben unterm Dach des Wohnhauses dorthin gegangen.

Als sie auf den Hofplatz getreten waren, leuchtete die Scheune gedämpft vor ihnen. Licht war an viel mehr Stellen dieses Gebäudes, als Karl es jemals gesehen hatte. Es war nicht üblich, so viele Laternen auf einmal zu verwenden.

An jedem anderen Tag wäre er voller Freude gewesen beim Anblick dieses Hauses, das er gebaut hatte und das jetzt dank des Lichts, das durch die Lücken und Ritzen der Wandverkleidung drang, richtig zur Geltung kam. Die Leute hatten ihren Laternen aufgehängt. Elektrisches Licht gab es auf der Insel nicht.

Nicht ganz überall war Licht. Die Fenster des Viehstalls lagen dunkel. Keiner ging dort hinein und schuf unter den Kühen Unruhe. Auch auf dem Heuboden schien es dunkel zu sein. Im Herzen des Ganzen. Wo Haug und Dal saßen. Dort war es lichtlos und schwer, wie man sich denken konnte.

Nein, für dieses Gebäude brauchte man sich nicht zu schämen. Da stand es als Zeugnis einer großen Kraftanstrengung.

– Prachtvoll, sagte Karl Li, als er aus dem Wohnhaus kam und es sah.

Jens ging vor ihm, drehte sich um:

– Was ist prachtvoll?

Er fragte, als ob Karl Li eine Sünde begangen hätte. Nicht nur er war Karl gegenüber unwillig gestimmt – weil man ja selbst an der Jagd teilgenommen hatte. Man hatte sich für Karls Familie geopfert. So wollte man das jedenfalls gern sehen. Jens hatte diese Sicht von manchen gehört, die gekommen waren, und hatte sie übernommen. Besonders schön war sie nicht. Was ist prachtvoll?

– Einfach nur, wie meine Scheune leuchtet, sagte Karl Li. Was geht da drin vor, Jens?

– Sie warten auf dich.

Dazu sagte Karl nichts. Es schien ihm ganz und gar unmöglich, zu ihnen hineinzugehen.

– Du hast gesagt, du willst uns treffen!, sagte Jens. Sich selbst zählte er mit.

– Ja, irgendwie schon, aber …

Er spürte, wie Jens seinen Platz bei den anderen sah. Komm zu uns runter, hatte er gesagt, als er Karl holte.

Dort hineingehen?

Was um alles in der Welt sollte er sagen, was wollten sie hören? Er wollte nur eines: Alle zusammenrufen, die da waren, und sie fragen: Habt ihr meinen Sohn gesehen?

Zwei Männer kamen aus dem Schatten der Scheunenhochfahrt und wünschten verlegen einen guten Abend. Diese beiden waren nicht unfreundlich. Nur befangen und müde.

– Guten Abend, seid ihr auch unterwegs, sagte Karl Li entsprechend der Gepflogenheit.

– Ja, wir haben Nachricht bekommen.

– Genau, sagte Karl Li.

Sie sprachen über die Ernte und das Wetter auf See. Darin lag Ruhe. Der Hofplatz trug einige Spuren von dem Schweinekampf früher am Tag. Ein zertrümmerter Zaun und manches andere war im Laternenlicht zu sehen – aber Jens ging mit keinem Wort darauf ein. Gab keine Erklärungen. Aus dem Schweinehaus drang einzelnes Grunzen. Doch mehr als zu der Tageszeit zu erwarten. Im Viehstall brüllte eine Kuh. An diesem Abend herrschte Unruhe in dem großen Gebäude. Die vier Männer taten, als würden sie es nicht hören, sondern redeten nervös vom Wetter und der guten Ernte, die sie für dieses Jahr erwarteten.

Karl Li stand so, dass Licht auf ihn fiel, und aus einem der Gänge kamen Leute auf ihn zu. Ein Grüppchen von fünf oder sechs Männern. Sie blieben stehen und wünschen einen guten Abend.

Karl stand nur da. Das waren genau die Leute, vor denen er sich fürchtete. Sie fragten:

– Wo sollen wir jetzt hin?

Beide Seiten wussten, dass Kari Nes für dieses Treffen gesorgt hatte, doch erwähnten sie den Namen kein einziges Mal. Karis Stimme zog gebieterisch *durch* sie hindurch. Sie schwiegen davon.

– Wir gehen wohl hoch?, fragte Karl Li und war schon auf der Hochfahrt.

Sie sahen ihn schief an.

– Was sollen wir da?

– Kommt, wir gehen rein!, sagte Karl Li, hart, so dass für sie beide kein Weg daran vorbeiführte.

In ihnen schrie Widerwille auf, sie folgten dennoch. Sie wollten auch dorthin. Etwas in ihnen wollte es. Der dort lag, war ein Teil von ihnen geworden, da sie Hand an ihn gelegt hatten. Also folgten sie Karl Li die Hochfahrt hinauf.

Er öffnete einen Torflügel. Drinnen war es dunkel. Irgendwo am Rande flackerte ein leichter Schein, von einer Laterne im Geschoss darunter.

– Sitzt ihr hier?, fragte Karl Li laut und aufs Geratewohl. Falls Haug und Dal dort waren.

Da er der Hausherr war, antworteten sie rasch. Rührten sich aber nicht.

Die anderen stolperten auf den Heuboden hinterher. Vorsichtig. Er steht wohl mitten darin. Sie verteilten sich. Verloren allen Zusammenhalt miteinander. Gut, dass niemand hier Laternen aufgehängt hatte, so konnte niemand sehen, wie sehr man selbst sich wünschte zu büßen.

Von unten war Murmeln zu hören. Kurze Worte wurden gewechselt. Aus den Ställen hörte man, dass deren Bewohner hellwach und unruhig waren. Die Scheune war groß und unheimlich. Alle waren voneinander entfernt, so, wie es ihnen lieb war. Manche gingen eigens noch an abgelegene Stellen in der großen Scheune. Kaum zu ermessen, wie viele Leute hier waren. Dann ertönte Karl Lis Stimme. Wieder fragte er aufs Geratewohl in die Dunkelheit:

– Hat jemand von euch meinen Sohn gesehen?

Es klang kläglich. Jetzt im Dunkeln konnte er dem Wunsch, das zu fragen, nicht mehr widerstehen. Jetzt brauchte er dabei niemandem mehr ins Gesicht zu schauen.

– Wann denn?, fragte einer.

– Na, *jetzt*.

– Nein, jetzt haben wir ihn nicht gesehen.

Es hatte nahegelegen zu sagen: Im Garten haben wir ihn gesehen. Für diejenigen, die einen Sündenbock suchten.

Die Dunkelheit half einem Mann, auch das anzubringen, er sagte zu Karl Li, den er nicht sah:

– Wir hätten bei der Sache nicht mitgemacht, wenn Rolv uns nicht mitgerissen hätte.

– Für das Gespräch ist es jetzt zu spät, antwortete Karl Li. Wer mitgemacht hat, hat mitgemacht. Ich verstehe, dass ihr auch deshalb gekommen seid.

Eine Stimme sagte störrisch:

– Wir haben getan, was gut und richtig war.

– Nein, sagte Karl Li.

Irgendjemand ging schon wieder. Hatte hier nichts mehr zu tun. War nicht gekommen, um zu büßen. Wer blieb, wand sich, wünschte nicht, an seiner Stelle zu sein.

Es wurde ganz still. Da war aus den Schweinekoben ein hässliches Aufjaulen zu hören. Wie von unter der Erde. Als würde der ganze Raum abstürzen.

Karl Li ging schnell raus. Nach unten, zu dem Geräusch.

13

Im Dunkeln pflegten die Schweineverschläge sonst in tiefer Stille dazuliegen. Alles schlief und seufzte tief. Auch die Fliegen surrten nicht mehr. Nur der scharfe Geruch herrschte wie am Tag.

So hatten sich die Schweine auch heute zur Ruhe begeben. Trotz des ganzen Aufstands mit ihnen tagsüber. Die mutterlosen Ferkel krochen quiekend übereinander – aber mit dem Abend kam der Schlaf genauso stark wie sonst auch, und sie schliefen auf einem Haufen ein. Die Sau, die ihre Ferkel gefressen hatte, war jetzt wieder bei ihren übrigen Jungen. Sie hatte den Wurf wiederbekommen, hatte die Kleinen gesäugt und war mit ihnen eingeschlafen. Bergit hatte sich darum gekümmert, während Jens und Helga draußen an der Menschenjagd teilnahmen. Dann das schlimme Ereignis an der Scheunenwand. Und dann waren Jens und Helga zu ihr in die Wohnstube getreten, aufgescheucht und mit schwerem Gewissen.

Aber im Schweinehaus herrschte Frieden. Die Koben im Freien waren leer. Auch der des Ebers. Seine Ödnis war verlassen, er selbst war durch eine verkotete Luke zu seinem Nachtlager verschwunden. Dieser Durchgang war nachts auf dem Hof die schwärzeste Stelle.

Heute wurde diese Ruhe von Menschen gestört. Die große Mehrheit der Erwachsenen von der Insel befand sich in der Scheune. Freilich hatten manche sich einfach hinter verschlossene Türen gerettet und sich geweigert, als der Ruf erging. Auch Mütter, die sich um Kinder zu kümmern hatten, kamen nicht. Ältere Kinder, die gehen wollten, durften nicht. Immer noch waren es eine Menge Menschen, und es gab große Unterschiede, wie bedürftig sie waren. Aus Gründen, die nicht so deutlich zutage lagen. Die Ereignisse heute hatten ihnen den letzten Schlag versetzt, sie zu einer Untat verleitet. Sie hatten einen wehrlosen Menschen totgeschlagen.

Füge dich, meinten diejenigen zu hören, die am stärksten erschüttert waren. Und sie duckten sich und gingen hin. Wer bist du?, meinten sie gefragt zu werden. Die Frage verfolgte sie. Umschwirrte sie wie lästige Fliegen eine Verletzung.

Kommt alle, hatte Kari Nes zu ihnen gesagt, mitten in der Verwirrung. Geht nach Li.

Was sollen wir da? Was hilft das schon? Aber als es dunkelte, gingen sie los. Verschwanden einer nach dem anderen in der Scheune. Dort war Platz genug für alle.

Ein paar kletterten trotzdem in die Schweinekoben. Ohne Licht. Verschwanden in diesen dunklen Gevierten, damit sie sich nicht im Staub ducken mussten. Das waren die Demütigsten der Insel. Jetzt waren sie zerschlagen und wortlos.

Und in den Schweinekoben. Ohne sich klar zu sein, *warum*. Hier liege ich im Dreck und bin geringer als alle Schöpfung …

Sie stießen an die Schweine. Die Schweine wachten auf und grunzten ärgerlich. Manche erschraken und quiekten leise, wie bei Gefahr. Die armen Menschen hörten das, mit Herzen, die offen waren für das Unbekannte, das sie suchten.

Einem, der an den Eber geraten war, erging es übel. Er wollte ganz allein sein und hatte sich hierher verzogen. Stapfte durch breitgetretenen Kot. Und trat ungebremst gegen den Eber, der an der Wand lag. Der fuhr mit Schrei hoch. Auch der Mann erschrak, er machte einen Satz nach hinten. Jetzt standen sie im Dunkeln, voller Angst voreinander. Die dunkle Stirn des Ebers war für den Mann nicht zu sehen. Er hörte nur ein unterdrücktes Knurren, das ihn entsetzte.

Es dauerte nicht lange. Der Eber musste dem Schrecken, der ihn ritt, ein Ende machen, er jaulte auf, laut, und brach aufs Geratewohl los. Seine vermauerten Augen sahen nichts in dieser Dunkelheit. Aber er hörte den Mann atmen, also stürzte er voran und stieß zu.

Der Mann schrie auf, bekam einen Hieb versetzt, der ihn rücklings hinwarf, und er hatte einen Schlitz in der Wade davongetragen. Der Eber schlug mit der Stirn an der Wand auf, jetzt brüllte er vor Wut und Angst. Die Angst lag in seinem verqueren Hirn stets auf der Lauer und ließ ihn handeln wie von Sinnen. Er sprang nochmals draufzu, wollte zubeißen, sah aber nichts, so dass seine Zähne ins Leere schnappten, er konnte nur einen schwungvollen Kopfhieb landen.

Den Mann schmiss es noch mal zu Boden. Mit dem Schädel gegen einen Türrahmen, dass er Sterne sah.

Er krabbelte auf die Beine. Hielt sich an der Tür fest. Kam nicht weiter. Versuchte nur, sich zu sammeln, so gut er konnte. Der Eber brüllte immer noch.

Da kamen Leute. Jemand riss die Tür auf. Karl Li kam herein, eine Laterne am ausgestreckten Arm.

– Was ist hier los?, rief er.

Der Mann blinzelte ins Licht. War ganz wirr im Kopf nach dem Schlag.

– Wo bin ich?, fragte er.

– Du bist bei mir auf Li.

Der Mann begriff das irgendwie nicht ganz.

Als das Licht kam, hatte der Eber sein Gebelfer eingestellt. Stand stumm und geduckt da. Allein.

– Hat er dich verletzt? Komm her!, sagte Karl Li, half dem Mann aus dem Koben und zu einem Wasserhahn, den er aufdrehte.

– Hier ist Wasser.

Der Mann wusch sich den Kopf. Der Ritzer im Bein war nicht mehr als das, ein Ritzer. Das Hosenbein hatte am meisten gelitten.

Die Tür ging. Jens. Er hatte das Jaulen auch gehört. Und die Schweine gehörten ihm. Die hatten heute schon genug gelitten.

– Der Eber hat einem das Hosenbein aufgeschlitzt. Nichts Schlimmes, berichtete Karl Li.

– Was geht der da auch rein, meinte Jens verächtlich und ging wieder hinaus.

Jetzt sah Karl Li, dass noch mehr Leute in den unterteilten Koben waren. Leute, die vor dem Licht seiner Laterne zurückwichen. Sie wollten dort sein, wo keine Menschenaugen sie sahen. Der Anblick traf ihn sehr.

– Kommt doch da raus, sagte er zu ihnen.

Er sagte es respektvoll.

Sie kamen nicht. Nur der, der beim Eber drin gewesen war, stand da. Wusch sich. Ließ sich vom kalten Wasser zu Sinnen bringen. Die anderen drückten sich in die Ecken.

Und Karl Li verspürte ein eigenartiges Schuldgefühl. Diese hier, glaubte er, hatten sich für seine Tochter geopfert. Er war ratlos.

– Kommt ruhig, sagte er. Lasst uns reden, dafür sind wir ja zusammengekommen.

– Wir haben nichts zu besprechen, antwortete einer mit beklommener Stimme.

Die anderen rührten sich nicht. Standen da und schienen nur zu wünschen, dass er wieder ging. Das Licht wegnahm. An der Wand stand der arme wüste Eber von der Dreckswüste und dem Bretterzaun. Rührte sich ebenso wenig. Grub in seiner Finsternis nach Gedanken.

Karl Li sagte:

– Macht es euch nicht so schwer.

Sie antworteten nicht.

– Ich weiß, ihr habt es für meine Tochter getan, sagte er noch.

Aber sie sahen ihn nicht erwartungsvoll an. Erwarteten nichts von ihm. Sie duckten sich wirklich in den Staub, diese Leute. Erhofften sich nichts.

Karl Li stand stumm vor ihnen. Tief verloren. Es lag eine Art Dank in der Luft, aber er hatte es sich selbst unmöglich gemacht, ihn auszusprechen. Er sah, dass sie sich vor ihm verschlossen. Wie sie sich verdunkelten und sich der Hoffnungslosigkeit ergaben.

– Geh doch lieber, Karl Li, sagte einer von ihnen, leise.

Aber es wirkte wie ein zwingendes Kommando. Karl ließ die Laterne neben sein Bein sinken und ging. Als Letztes sah er den Eber, der immer noch in derselben Stellung dastand. Unter seiner vorspringenden Stirn.

14

Um diese Zeit kam Rolv unter das Scheunendach. Ungewiss, was er hier wollte. Aber er wollte. Das Haus zog ihn zu sich mit dem, was darin war, so, wie es die anderen angezogen hatte. Er sah zwar das Licht oben, wo seine Mutter saß, ging aber nicht dorthin, sondern in die vertraute Scheune. Verlassene Laternen hingen hier und dort. Die Leute waren damit gekommen und hatten sie nicht gelöscht. Er begegnete ein paar Frauen, die das Gesicht abwandten, als sie ihn erkannten. Das wollte er nicht auf sich beruhen lassen, darum sprach er die eine mit Namen an:

– Kristine …

Sie tat so, als würde sie es nicht hören.

– Ist mein Vater hier drin?

Sie schüttelte nur den Kopf.

– Seltsame Leute hier, sagte er frech und bereute es sofort. Er wusste nur zu gut, dass das hier für die Nachbarn keine gewöhnliche Zusammenkunft war. Ein Bedürfnis hatte sie hergeführt, das Gefühl von Selbsterniedrigung, Scham und Reue. Das alles hatte sich aufgestaut, war aufgebrochen und lag offen zutage. Sie hatten sich selbst gesehen, und dieser Anblick war niederschmetternd. Das trieb sie zu diesem tastenden Versuch in der Scheune auf Li – hier, wo der Tote lag wie ein Bleikern und alle zu Boden drückte.

Schau, da standen diese zwei Frauen. Die anderen würden wohl genauso reagieren wie sie. Er wollte weiter. Da sagte die eine in seinem Rücken:

– Du, Rolv Li …

– Ja?

– Hast du keine Angst?

– Wir nämlich schon, sagte die andere.

Er hörte, dass sie seine Nähe zuließen. Kein Abgrund war zwischen ihnen und ihm. Dafür war er dankbar. Sie wollten gar keine Antwort auf ihre Frage hören, das war deutlich zu erkennen.

– Dein Vater ist hier in der Scheune, ließ ihn die eine wissen.

Rolv ging weiter. Was hat Vater vor?, dachte er. Wahrscheinlich kommen die Leute zu ihm und wollen etwas von ihm.

Diese Scheune war Rolv vom ersten Lebenstag an vertraut. So sehr, dass er sie kaum mehr sah. Nicht sah, wie groß sie war. Jeder Pfosten und Balken, jede Holzverbindung war ihm bekannt. Auch im Dunkeln kannte er jede Ecke. Die Jahre in der Schule hatten seine Vertrautheit mit der Kindheitsscheune nicht zudecken können, dafür hatte er hier zu viele Tage im Spiel verbracht.

Aber heute Abend war sie so seltsam, nicht wiederzuerkennen mit all diesen stummen Menschen, die da standen und auf seinen Vater warteten.

Ich suche ihn auch, dachte Rolv. Dieses Mal nicht Mutter. Ich will von Vater bekommen, was ich brauche.

Er stieß auf ein Grüppchen Männer, das um eine Laterne herum in der Tür zum Heuschober stand. Er verspürte gegen ihn gerichteten Widerwillen. Das wirkt wie ein erneuter Schlag. Er richtete sich auf und fragte nach seinem Vater, ob sie ihn gesehen hätten.

– Nein, sagte einer.

Rolv ging weiter. Irgendwo meinte er Else und Gudrun stehen zu sehen und wich schnell aus. Else konnte er jetzt nicht ertragen, dachte er. Er hatte gesehen, wie etwas in ihr erfror, als er ihr heute die Wahrheit gesagt hatte.

Dann stieß er auf Jens.

– Ah, da bist du, sagte Jens, – du bist zurückgekommen.

Man konnte ihm anhören, dass er eigentlich mit anderen Dingen beschäftigt war.

– Ja, ich bin wieder da.

– Ich muss mich hier um dies und das kümmern in dem Getümmel, sagte Jens. Eigentlich müsste ich Essen machen, aber …

Rolv wusste, das war geflunkert. Es ging Jens genauso schlecht wie den anderen.

– Hast du Vater gesehen?

– Er sucht dich. Jedenfalls fragt er alle Leute, ob sie dich unterwegs gesehen haben.

Es dürfte eine schwierige Begegnung werden. Jens kam ihm zu Hilfe.

– Du kannst mit mir kommen, Rolv, sagte Jens. Sie befanden sich gerade im Gang vor der Stalltür.

Jens und Rolv verband alte Freundschaft. Während er aufwuchs, hatte Rolv von Jens manches von dem bekommen, das der Vater ihm verweigerte. Vielleicht lag es an der Erinnerung an all diese Momente, dass Jens jetzt ein kameradschaftliches Gefühl empfand.

– Lass uns zur Braunen reingehen!, sagte Jens. Erschöpft, aber wie von einem glücklichen Gedanken getroffen.

Die braune Stute war sein Augenstern. Es tat gut, das zu hören. Es gab einen Widerhall bei Rolv. Ja, ja!, dachte er, lass uns zu Jens' Brauner reingehen. Dort droht nichts Böses.

Im Stall war kein Mensch. Zu der Tageszeit stapften die Leute nicht einfach lärmend in Vieh- oder Pferdeställe rein. Es lag ihnen in Fleisch und Blut, dass die Tiere ihre Nachtruhe brauchten. Darum war kein Fremder bei der Braunen. Es war dunkel. Sie hörten, wo sie stand.

Jetzt standen sie auch hier, Rolv und Jens. Die Tür war zu, sie konnten die Hand vor Augen nicht sehen.

Wahrscheinlich streichelte Jens die Braune insgeheim. Rolv lehnte sich an einen Pfosten.

Es verging ein Moment. Sie hörten die Unruhe draußen.

Jens räusperte sich:

– Du hast schon gehört, dass ich sage, dein Vater fragt die Leute, ob sie dich gesehen haben?

– Gehört schon. Aber ich weiß nicht, ob mir das was bringt, Jens.

– Mag schon sein. Trotzdem, geh besser hin und sag Bescheid, dass du da bist.

– Glaubst du, das ist gut?, fragte Rolv.

– Nein, aber für deinen Vater ist das alles wohl am schwierigsten. Aber warte ruhig ab, bis du kannst.

Rolv antwortete nicht. Er spürte die Nähe der Braunen, ähnlich tröstlich wie der Geruch von draußen, vom Heuboden.

Rolv dachte, wie wenig Ermutigung es für einen gab, der so dran war wie er, bei allem, was er gelesen und nachgedacht hatte, womit er sich Mühe gegeben, was er wichtig gefunden und womit *er* sich wichtig gemacht hatte. In diesem Moment erschien ihm das viel weniger wert als so eine einfache Kindheitssache wie die Nähe eines großen, stillen Pferdes, das nickend im Dunkeln stand.

Jens räusperte sich noch einmal. Fragte zögernd:

– Und du, wie geht es *dir*?

Er legte nichts Drängendes in die Frage, stellte sie ganz einfach. Eine Öffnung.

– Mir geht es übel, sagte Rolv.

Sie spürten den Druck von dem Heuboden über ihnen irgendwo. Jens streichelte die Braune und dachte, Rolv würde es nicht merken. Jetzt war Jens sehr anders als vorhin, als er Karl Li holte.

Die Braune gab keinen Ton von sich. Wurde gestreichelt. Jens fragte endlich, erschüttert und ratlos:

– Und was meinst du, was soll *ich* jetzt tun? Ich war ja auch mit dabei.

– Das kann ich nicht wissen, antwortete Rolv.

– Nein, wird schon so sein.

– Mich wird die Polizei abholen, sagte Rolv dann noch. Damit muss ich rechnen.

– Ja, ist wohl so.

– Sie ist wahrscheinlich schon benachrichtigt?

– Ja, sagte Jens, ich habe so was gehört. Morgen früh kommt der Wachtmeister auf die Insel zurück.

Rolv erzählte:

– Ich hatte eigentlich nicht vor, dann da zu sein.

– Nein ...

– Aber dann hat Kari Nes gesagt, ich soll zurückkommen.

– Aha. Mit dir hat sie auch gesprochen.

Jens redete leise. Fast andächtig. Wollte aber nicht mehr über Kari reden, das war zu spüren. Ihr Name riss etwas auf, das einem sowieso zu schaffen machte. Jens sagte rasch:

– Jetzt geh zu deinem Vater und deiner Mutter, Rolv.

Das wirkt auf Rolv wie eine harte Hand, die ihn von einem Ort vertreiben wollte, an dem er ein wenig Linderung fand.

– Ja, gleich, sagte er. Glaubst du, das ist so *dringend*?

– Ja, geh mal besser. Die Warterei tut nicht gut.

Also kein Aufschub mehr. Rolv erriet, dass Jens jetzt allein sein wollte. Das war auch ein Grund dafür, dass er so strikt war. Es geht ihm wie den anderen. Nur ich werde hin und her geschubst. Es brach aus ihm heraus, da Jens offensichtlich nichts mehr mit ihm zu teilen hatte:

– Kannst du mir mal sagen, was *ich* jetzt anfangen soll?

Die Braune neben ihm schrak zusammen, hörbar, bei diesem gequälten Ausruf.

– Ruhig, sagte Jens, du erschreckst sie. Lass das.

Rolv fand den Türhaken und öffnete. Licht von einer Laterne fiel herein.

– Geh jetzt und such deinen Vater, sagte Jens. Er ist irgendwo hier drin. Ich hab genug mit mir selbst zu tun, Rolv, ich sag's, wie's ist.

Er war der Ältere und teils auch Hausherr. Rolv ging hinaus. Jens schloss die Tür und war allein. Als würde er sich eigenhändig begraben und nie wieder herauskommen. Nein, nicht so. Er steht da drinnen mit einem vertrauten Freund und Gehilfen, sein Herz ist schwer, und er will büßen.

Hier Jens in seiner Kammer – andere an anderen Orten. In den Winkeln. In den Schweinekoben. Überall in dieser von Unruhe erfüllten, veränderten Scheune. Oben auf dem Heuboden liegt das Gewicht, das uns niederdrückt.

Das fuhr Rolv wie ein Blitz durch den Kopf. Und dann kommt ein Tag, wo alle, die sich in Gräbern versteckt haben, eine gellende Stimme hören werden – er wollte es von sich abschütteln, wurde es aber nicht los.

Unvermittelt stand er Auge in Auge mit Else, die er belogen hatte. Sie stand im Gang, er kam nicht an ihr vorbei.

– Du bist auch hier, Else?

Sie schaute ihn nur an. Forschend. Aus großen Augen. Die er nicht ertrug.

– Was ist?, fragte er.

Sie antwortete nicht. Schaute ihn nur an. Er bekam es mit der Angst. Das war so seltsam. Sie wollte die wirkliche Wahrheit über ihn wissen. Dachte sie, es sei noch nicht alles gesagt?

– Kannst du nicht mehr sprechen, Else?

Sie *tat* es jedenfalls nicht. Er wusste nicht, ob er recht sah. War er durchgedreht? Sie wandte sich um und ging.

War sie das gewesen, oder was? Natürlich war sie das. Sie hatte ihn angeschaut, um herauszufinden, wie es einem Lügner geht.

Er erzitterte innerlich. Ging den Gang hinunter. Dort waren Leute. Er kam in einen Winkel, wo sich offenbar niemand aufhalten mochten. Und erschrak: Da lag Kari Nes auf einer großen, umgekippt Kiste, sie schlief. Hingestreckt wie jemand, der ausgelaugt und erledigt ist, vom Schlaf übermannt, ob sie wollte oder nicht. An den Füßen zu große Schuhe.

Hier *blieb* er. Hielt sich an einem Pfosten fest und betrachtete die Schlafende gebannt.

15

Dort bei Kari Nes stieß Karl Li nach einer Weile auf Rolv. Er wanderte herum, ratlos, was er mit den Leuten anfangen sollte, die etwas von ihm wollten und in seiner Scheune versammelt waren, ohne dass er nach ihnen geschickt hatte. Das war jetzt so dringlich, dass es die Sorge um Rolv in den Hintergrund gedrängt hatte. Die Trauer um *Inga* war derweil wie ein weggesackter Bereich in einem selbst. Verstummt, und namenlos. Gelähmt noch, so neu war der Zusammenbruch. Aber das *musste* man mit sich selbst ausmachen. Man konnte sich darumschließen. Darum und um die Sache mit Rolv.

Diese Nachbarn dagegen! Denen man, das *spürte* man, etwas schuldig war. Was sollte man mit denen anfangen? Er sah, wie sie ihn im Lampenschein musterten. Ihnen war vor Reue ganz schlecht, doch zugleich erwarteten sie irgendwas von *ihm*. Das war wohl mit einer der Gründe, dass sie Kari Nes' eigenmächtiger Aufforderung so rasch nachgekommen waren.

Schau, da steht Rolv.

Rolv ist zurück!

Eine Woge der Erleichterung durchzog ihn.

– Ah, da bist du, Rolv, sagte er ruhig.

Rolv war verlegen, er ebenfalls, er musste was sagen.

– Ja, wir wurden in deine Scheune gerufen, sagte er.

– Sieht ganz so aus …, sagte Karl Li.

Da fiel sein Blick auf die schlafende Kari Nes. Er zuckte, sagte aber nur:

– Jetzt ist sie eingeschlafen. Wovon die wohl so müde ist!

Sie standen kurz bei ihr. Es war durchaus eine Erleichterung, dass sie ein Weilchen schlief. Ihre langen Beine hielten endlich Ruhe. Ihr Mund schwieg, der einen sonst mit so vielen Worten beunruhigte. Sie war schön, wie sie da lag. Sie, die all das heute Abend zustande gebracht hatte. Offensichtlich war das anstrengend gewesen.

War sie richtig im Kopf?

Karl Li plagte der Gedanke an die Leute derart, dass er fast einen Unwillen gegen Kari Nes empfand. Ein starker Drang, ihr etwas Unfreundliches zu sagen, stieg in ihm auf. Fast wäre er der Versuchung erlegen, sie zu wecken und Rechenschaft von ihr zu verlangen – so angenehm es ihm war, dass sie jetzt für eine Weile still und ungefährlich war. Aber lass sie schlafen. Sie betrachteten sie, dann gingen sie weg.

– Gut, dass du wieder nach Hause gekommen bist, Rolv. Das war schwer für uns.

– Viel besser wird es dadurch nicht werden, sagte Rolv.

– Warst du schon oben bei deiner Mutter?

– Nein.

– Komm, dann müssen wir hoch! Sie ist fast krank vor Sorge, du könntest etwas Unüberlegtes tun.

Er sagte es, als wäre es sehr eilig.

– Sollten wir dann wohl, sagte Rolv. Die Verwicklungen wurden dadurch, dass er gekommen war, nicht weniger. Es regelte nichts. Aber es bedeutete ganz offenbar eine Stärkung.

Sie verließen die Scheune auf direktem Wege. Hier und da an Leuten vorbei. Wir sind *gekommen*, sagten deren

Blicke. Viele schauten nicht einmal auf. Es arbeitete zu schwer in ihnen. Heute am Vormittag war die Tobsucht von Mann zu Mann übergesprungen. Hinterher jetzt, in der Geborgenheit der Scheune, wanderten Reuegefühl und Selbstbefragung ebenso vom einen zum anderen. Etwas, das man weder sah noch hörte, das aber die Knochen im Leibe so schwach werden ließ, wie man es noch nie erlebt hatte.

Rolv blieb auf dem Hofplatz stehen.

– Enorm, wie hell sie es da oben hat.

– Ja, sie hat alles Licht zusammengeholt, das es im Haus gibt.

Sie stapften die dunkle Treppe hoch. Es war nicht zu überhören, dass da wer kam.

Mari Li öffnete die Tür. Das Licht ergoss sich über die Treppe.

Sie fragte die Stufen hinunter:

– Bist du das, Karl?

– Ja, und Rolv ist auch da.

– Ist das wahr …

Die beiden gingen hinein. Mari sagte noch:

– Ja, es ist wahr, Gott sei Dank.

Rolv sah sich verwundert um. Leicht wie das Innere einer Blüte war dies Zimmer, wenn man von draußen kam. Keine erschreckende Schwernis ging von der Bahre des jungen Mädchens aus. Ob jetzt all die Kerzen dafür sorgten oder was auch immer.

Rolv stand vor seiner Mutter. Blickte sie trotzig an. Dann bemerkte er, dass sie ihn jetzt anschauen konnte. Ohne jene Scheu wie kurz zuvor noch.

– Gut, dass du gekommen bist, sagte sie.

Rolv antwortete nicht. Sie sprach weiter:

– Was sollen wir jetzt machen, wo du wieder da bist?

Rolv antwortete:

– Das wird uns die Polizei schon erzählen.

Sie zuckte zusammen, beherrschte sich aber.

– Ja, wird sie wohl. Und danke, dass du gekommen bist.

Da standen sie. Schweigend. Weit fort, irgendwo!, lag dieses Zimmer und segelte dahin. Da stand man und durfte eine Weile Teil dieser Fahrt sein.

Aber nicht lange. Es klopfte an der Tür. Sie drehten sich müde um und sagten: – Herein.

Kari Nes stakste herein. Wer auch sonst. Man hatte ja wohl nicht im Ernst gedacht, man könnte ihr entkommen.

– Guten Abend, sagte sie zu Mari Li.

Mari Li ging ihr entgegen.

– Kommst du uns wieder besuchen, Kari Nes.

– Ja, ich habe deinem Mann etwas auszurichten.

Sie wandte sich an Karl Li:

– Du musst in die Scheune zurückkommen.

O ja, er spürte selbst, wo sein Platz war. Er nickte.

Kari Nes schaute Mari Li steif an:

– Mich haben sie auch verlassen!

Mari Li sagte nichts. Schaute nur Kari Nes an. Kari Nes redete weiter:

– Was glaubst *du* von dem Vogel, der auf den Boden fällt?

Mari Li brachte immer noch keine Antwort heraus.

– Könnte man das doch glauben wie ein Fels, ja dann, sagte Kari Nes verzweifelt.

Die Schwäche ging wieder vorüber. Sie sagte zu Karl Li:

– Jetzt musst du wieder runterkommen. Wir haben gesehen, dass du weggegangen bist. Aber jetzt musst du mitkommen.

Wieder war ihr Macht verliehen. Stark und groß wirkte sie. Zerteilte dieses Zimmer wie ein dunkler Keil. Man schaute nicht hin.

Karl Li ging los.

Rolv folgte ihm. Aber seine Mutter wollte ihn zurückhalten.

– Bleib hier, bei uns.

O nein, nicht ausgerechnet jetzt.

Er hatte das Gefühl, dieses Zimmer sei nicht der rechte Ort für ihn. Er ging seinem Vater hinterher. Dicht gefolgt von Kari Nes.

Mari Li stand an Bord des Schiffes, das sie sich errichtet hatte.

16

Auf dem geräumigen Heuboden war überall das Heu verteilt, in grünen Hügeln und Senken. Freundlich gerundet. Der Raum war so groß, dass Jens das Heu nicht aufzuhäufen und zu stampfen brauchte, er kippte es einfach von der Hochfahrt herunter.

Drinnen waren viele Leute.

Wegen der Brandgefahr hatten sie die Laternen nicht mit hinein genommen. Nur von draußen wurde durch die eine oder andere Öffnung hineingeleuchtet.

Sehr viele Leute waren es – wenn die Augen sich ein wenig an die Dunkelheit gewöhnt hatten.

Durch die Wand hörten sie Jens' Kühe. Sie waren wach und ließen erkennen, dass sie die Unruhe im Haus leid waren. Vielleicht war auch irgendwer bei ihnen – hatte sich da eingeschlichen, wie auch in anderen Ställen.

Karl Li ging vorbei. Die Leute richteten sich auf. Dann war er schon wieder davon.

Die Luft hier drin duftete würzig. Aber das bemerkten sie nicht. Wurden nicht gewahr, was für ein herrlicher Raum das war.

Und sie waren still. Dort oben war der Tod. Dort oben saßen Haug und Dal und wer womöglich noch. Es kam einem vor, als würde niemand hier atmen.

Kommt er jetzt nicht bald mal? Karl Li …

Ein Schatten zog zwischen ihnen hindurch. An einer

Tür vorbei. Verschattete eine Laterne. Karl Li. Nein, er blieb nicht stehen. Bewegte sich weiter. Sein Bild zeichnete sich vergrößert und verzerrt an einer Wand ab. Schon war er am anderen Ende seiner Freunde.

Wie es *ihm* wohl geht?

Das schoben sie beiseite.

In einem Durchgang trat ein Mann vor und sagte, so laut er es wagte mit seinem angeschlagenen Gewissen:

– Sollen wir vielleicht wieder gehen?

Er bekam keine Antwort und ließ sich wieder in seine heimlichen Gedanken zurücksinken.

Niemand ging.

Und Rolv, wo ist der? Er, der uns ins Unglück getrieben hat.

Aber wenn sie jetzt an Rolv dachten, hegten sie keine bösen Gedanken mehr. Wagten es nicht länger.

Da tönte vom Schweinestall her ein schrecklicher Schrei. Kurz danach wanderte ein Ruck durch die ganze Scheune, von Mensch zu Mensch: Der Eber ist los. Rennt frei herum …

Niemand hatte ihn gesehen oder war ihm in einer Tür begegnet, aber alle wussten es sofort, und es lief ihnen kalt über den Rücken: Der Eber ist los.

Rührt euch nicht. Er ist gefährlich.

Sie lauschten mit angehaltenem Atem.

Niemand von ihnen hatte wohl regelrecht gehört, dass dieser Eber gefährlich sein sollte. Aber jetzt hatte irgendwer das halblaut gesagt, und ihm wurde geglaubt, noch bevor er den Mund wieder geschlossen hatte. In seinem Koben gesehen hatten den Eber alle. Niemand wollte ihm im Dunkeln begegnen, seinem üblen Atem ausgesetzt sein. Was soll ich tun, wenn er kommt, wenn er auf mich losgeht?

Der Eber kam nicht. Sie warteten und lauschten. Er war nirgends zu vernehmen. War es vielleicht doch nur ein Gerücht? Ungewiss. Dann sagte einer zu seinem Nachbarn:

– Da! Da war er.

– Wer? Der Eber?

– Nein, Rolv.

Wieder wanderte jemand vor einer Laterne entlang. Undeutlich. Aber irgendwer hatte es gesehen und gruselte sich: Rolv ging zwischen ihnen, und hinter ihm kam der Eber. Sie gehen um …

Das wurde sozusagen ohne Worte weitergesagt. Nichts mehr war auf diesem Heuboden unmöglich. Nichts war unglaublich.

Rolv und der Eber gehen um …

Sie erschauderten bis ins Innerste über all das, was sie beschäftigte.

17

Endlich war eine Stimme vernehmbar, von der Kreuzung zweier Gänge, so dass sie in verschiedene Richtungen zu hören war. Karl Lis Stimme:

– Ihr seid hierher in meine Scheune gekommen.

Keine Kraft in dieser Stimme. Tastend und einsam. Dennoch durchschnitt sie das Gewebe von Einbildungen und Geflüster. Drang zu einem vor.

Sie richteten sich auf, wo sie standen. Es war zu hören, dass die Leute sich dort zusammenfanden, wo sie Karl Li besser hörten. Von oben kein Laut. Aber dorthin reichte Karl Lis Stimme sicher genauso. Das Gewicht des Obergeschosses wirkte umso lastender, als sich dort kein Fuß rührte.

– Hört ihr mich?, fragte Karl Li laut.

– Ja, wurde hier und dort geantwortet. Nur die Leute hinten in den Schweinekoben hörten nichts. Ihnen wurde auch nicht Bescheid gesagt.

Karl Li stand vor ihnen. Zutiefst ratlos. Die Brutalität heute hatte ihn schwer getroffen – und doch stand er in der *Schuld* all dieser Leute. Der ganzen Insel. Er hatte sie warten lassen. War von Ecke zu Ecke gegangen und hatte gesehen, wie sie irgendwas von ihm erwarteten.

Sie mussten wohl noch weiter warten, er wusste nicht, was sagen.

Ja, wir hören dich, hatten sie geantwortet. Von ganz hinten. Es herrschte atemlose Stille.

Karl Li sagte:

– Ja, offen gesagt, ich kann euch nichts bieten. Ich spüre, ihr erwartet etwas, aber ich habe es nicht.

Da sagte ein Mann weit hinten:

– Seltsam.

– Nein, sagte Karl Li.

– Wir finden das eine eigenartige Begrüßung, sagte der Mann.

– Ich bin euch nichts schuldig!, sagte Karl Li.

Konnte ihnen gerade noch das sagen. So ausgelaugt, wie er war.

– Ihr habt euch heute von dem Toben mitreißen lassen, so ist das, sagte er noch.

– Schön und gut, sagte der Mann in dem Gang, mit Leuten, die einen schwerer Schlag erlitten haben, soll man nicht rechten, aber wir finden schon, es wäre angebracht, uns anders anzusprechen als so.

– Ich habe dir keine Rechenschaft darüber abzulegen, antwortete Karl Li.

– Klingt ganz so.

Und wieder Stille. Niemand mischte sich ein. Niemand machte den Mund auf. Karl Li hielt sich an dem Pfosten fest, wo er stand, irgendwas musste er antworten.

– Ihr habt jetzt lange hier gewartet, das stimmt. Auch auf *mich* gewartet. Das habe ich gespürt. Aber es *bleibt* beim Warten. Ich habe nichts mehr zu sagen.

Stille.

Kari Nes wurde nicht erwähnt. Sie war hart und unbeugsam. Niemand wusste so gut wie er selbst, und nur er selbst, was ihn bewogen hatte, hierher zu kommen. Aber man musste bis zum Schluss bleiben. Solange man Trotz und Starrsinn genug aufbringen konnte.

Es kamen keine weiteren Rufe aus den dunklen Ecken. Karl Li dachte, er mochte sich geirrt haben. Dass diejenigen, die ihm die Stirn boten, nicht für alle sprachen. Vielleicht waren sie Ausnahmen und versuchten, mit heiler Haut aus dieser Sache rauszukommen. Wieder war zu hören, dass der eine oder die andere ging. Hier fertig war. Welche, die dachten, was heute geschehen war, sei *recht* getan gewesen.

– Ja, mehr habe ich nicht zu sagen, habt ihr gehört, sagte Karl Li, und tastete sich zurück. Weg, aus ihrem Gesichtskreis heraus. Er war in diesem Moment ein alter, zitternder Mann.

Jemand rief ihm furchtsam nach:

– Karl! Lässt du uns allein!

Er antwortete nicht.

Wer sich hatte empören wollen, verlor seine Starre. Stattdessen kam Enttäuschung. Man musste es mit sich selbst ausmachen, ohne Hilfe.

18

Nichts habe ich zustande gebracht …

Karl Li stand im Dunkeln und spürte, wie das große Gebäude mit schrecklicher Macht auf ihm lastete. Er hatte es hier an Ort und Stelle errichtet, jetzt war es mit seiner gesamten Nachbarschaft gefüllt. Leute, die das Entsetzen über ihre eigene Tat hierher geführt hatte, denen man auch das Recht einräumen musste, hierher zu kommen. Das Recht, sein Haus mit ihrem Kummer zu füllen.

Es war *meine* Tochter, die sie rächen wollten.

Wie die Lust an ihm zerrte, in den Gang vorzutreten und Danke zu rufen!, danke, dass ihr euch habt mitreißen lassen! Ich, ihr Vater, danke euch, dass ihr auf diese Weise gezeigt habt, wie lieb sie euch war. Der Gedanke ist mir ein Trost.

Stattdessen versteckte er sich vor ihnen und verbiss sich, was er gern gesagt hätte. Wagte nicht, es zu sagen.

Dabei trieb ihn alles, was er gedacht, was er gelesen und was zu lesen er sich gesehnt hatte, dazu, in den Gang zu treten und ihr Verhalten zu verurteilen! Raserei, Brutalität, Dämonen. Es ist nicht zu verantworten, dass ihr das wilde Tier in euch so losgelassen habt. Tritt vor und sag es!

Er brachte es nicht über sich. Verbiss es sich, wie alles andere auch.

So versäumst du deine Schuldigkeit gegenüber allem,

was du gedacht hast, was andere gedacht, wovon sie geträumt haben, wofür du geglüht hast.

Ja, ich bringe es nicht fertig. Bringe nicht mehr fertig, als was ich schon getan *habe*. Man nenne es, wie man wolle.

Bist du *so* schwach?

Ja, bin ich.

Er fühlte sich elend. Dass er so kläglich versagte. Stand da wie die anderen, einsam vor der Wand.

Jetzt war es Nacht.

Etwas fragte ihn, streng: Warum bringst du das jetzt nicht fertig?

Er wusste es:

Weil Rolv zurückgekommen war.

Hätte jemand Rolv kalt und starr hier hereingetragen, Karl wäre aufgestanden und hätte alles verdammt. Mit steinharten Worten. Und hätte Rolv erneut verurteilt: Ich habe getan, was ich zu tun hatte, als ich sein Handeln heute missbilligt habe! Auch wenn er deswegen weggegangen ist.

Das hätte er gesagt, über Rolvs Totenbahre. Er sah es vor sich. Er hätte aufrecht dagestanden und gesagt, er habe getan, was recht ist.

Das war die Antwort: Rolv starr und tot. Was für eine Art Antwort war das aber? Das hätte Mari ihm dann gesagt. Was für eine Art Antwort hast du bekommen, Karl?, auf deine Härte?

Wie wäre es dann für ihn gewesen? Er hätte zugeben müssen: Ja, was für eine Antwort war das. Er hätte nur sagen können: Himmel hilf, ich armer Mensch, der dies als Antwort kriegt …

Und es würde wohl Dunkelheit herrschen um einen

herum.

Er sah das alles so deutlich vor sich, als ob es passiert wäre.

Aber jetzt war Rolv *hier*, am Leben. War umgekehrt und zurückgekommen. War irgendwo in diesem Gebäude, ebenso wie er. Das bedeutete einen gewaltigen Unterschied.

Und du bist deiner Schuldigkeit ausgewichen, hast geschwiegen.

Aber *gedankt* habe ich ihnen nicht! Ich habe gesagt, sie bekommen nichts von mir.

Weißt du, ob das genügt hat?

Nein …

Am liebsten wäre er zu den Schweinekoben gegangen, zu jenen Demütigen, die er dort gesehen hatte, die sich im Unrat duckten und nichts wollten, als für ihre Gewalttat zu büßen.

Er ging nicht hin. Es würde nichts helfen. Er war nicht gemacht wie sie, konnte sich nicht einem so geraden, redlichen Sinn ergeben.

19

Jetzt lag die Augustnacht richtig über der Scheune des Li-Hofs. Draußen war es so schwarz, man sah nichts. Dunkle Wolken waren aufgezogen und verhüllten Sterne und Himmelsschimmer. Der Südwind, von dem die Männer Karl Li erzählt hatten, hatte sich gelegt. Aber von der See her war ein Brausen zu hören – das doch nur erzählte, wie einsam man lebte im weiten Raum.

Ein Duft von dem verborgenen Obstgarten kam gezogen. In der Hitze des Tages hatte dort der Übeltäter zerschlagen gelegen. An den Bäumen reifte es ungerührt weiter wie zuvor. Nacht und Tag ohne Unterlass. Von der See kam Salzgeschmack durch die Dunkelheit.

Nur schmale Lichtstreifen hier und da verrieten, wo Karl Lis Scheune lag. Sie verschmolz mit der Dunkelheit, samt Hochfahrt und Giebeln und allem.

Tiefe Nacht. Aber die Leute gingen nicht nach Hause. Wer jetzt hier war, *wollte* bleiben. Sie waren aus dem Gewohnten hinausgetreten. Ihr Gewissen hatte sie hierher gezwungen. Ein Gang, gemischt aus allerlei verschiedenen undurchschaubaren Beweggründen.

Von Karl Li kam nichts als Ablehnung.

Das hatten sie irgendwie auch gewusst. Sie duckten sich. Waren reglos, wie gar nicht da. Sie alle unter einem Dach versammelt nach ihrem gemeinsamen tiefen Fall heute, das verursachte eine eigenartige Strömung, die hier hindurch zog. Durch *sie*. So, dass sie anders waren als im Alltag. Sie schienen zu warten, dass Kari Nes von einem Ende zum anderen ging und laut etwas verkündete, das sie noch nie gesagt hatte, etwas, das sie alle aufreißen und hinabstürzen würde, das ihnen alles ausbrennen würde, was sie loswerden wollten.

Sie kam nicht. Niemand hörte ihre wohlbekannte, lästige Stimme. Sie hatten einen kurzen Blick auf sie erhascht, aber sie war weitergegangen. Offenbar hatte auch sie nichts zu sagen. Ihr Mund war versiegt.

Dann geh doch heim!, sagten sie sich selbst, und sitz nicht wie ein Narr in dieser Scheune rum.

Sie schauten aufeinander, wer als Erster gehen würde. Aufbrechen würde. Nein, niemand schien den nötigen Willen aufzubringen.

Geh *du* doch. *Einer* muss der Erste sein.

Das sagten sie einander. Blieben aber unverändert so sitzen oder stehen. Scheuten sich, aus dem Schatten zu treten und sichtbar zu werden. Scheuten sich, ihre eigenen Schritte zu hören. Nein, sie konnten nicht gehen. Sie klammerten sich an die vergebliche Hoffnung, irgendwas würde geschehen, wenn sie nur geduldig warteten.

Jetzt bricht das Obergeschoss wohl bald durch unter dem Riesengewicht, das es trägt. Eine stille, steinschwere Bedrückung floss von dort oben durch die Dunkelheit und nistete sich in jedem Einzelnen ein, der gekommen war. Jeder Einzelne hatte einen Raum dafür bereit.

Wenn dieser Raum gefüllt ist, gehe ich unter …

Sie schraken auf und schauten sich um.

Wir warten, warten.

Wir haben nichts zu erhoffen.

Wir warten trotzdem.

Eine Weile lang waren an diesem Abend halblaute Bemerkungen und die wildesten Geschichten von Mund zu Mund gegangen. Das war jetzt vorbei. Sie taugten nicht mehr dazu, so etwas auszuhecken, wachsen zu lassen und dann loszuschicken. Sie warteten nur noch.

Wer durch die Luken hinausschaute, sah etwas Wundersames. Von der Scheune mit all ihren Verschlägen, Koben und Fenstern aus gesehen war das Licht oben am Wohnhaus ein glückseliger Anblick, der kaum wahr sein konnte. Aus den beiden Fenstern dort strömte ein Licht, wie sie es noch nie gesehen hatten. Ein glückliches, von innen heraus erleuchtetes Schiff, das von dannen segelte.

Schaut, das Schiff.

Sie sahen es, sobald sie den Kopf ein klein wenig wendeten. Es war nicht für sie. Wir sind *hier*. An Händen und Füßen gebunden. *Wir* segeln nicht.

Jemand kam zu Karl Li. Er stand so, dass jeder, der in die Scheune kam, zuerst auf ihn stieß.

Seine Frau.

Sie griff seine Jacke.

Ein großer Teil seiner Welt war da gekommen. Der arbeitsame, vielgestaltige Alltag. Der für ihn auch immer tiefe Erholung war.

Sie sagte leise:

– Ist Rolv bei dir?

– Nein, ich weiß nicht, wo er ist.

Er hörte ihrer Stimme an, wie dankbar sie war, dass Rolv am Leben war.

– Er ist nicht wieder weggegangen, das weiß ich, sagte er. Was willst du von ihm?

– Nichts.

Sie lauschten. Es war so still, dass es in den Ohren brauste. Was wollte Mari Li? Sie wusste jetzt, dass Rolv nicht wieder weggegangen war. Es ging ihr um irgendetwas anderes.

– Jetzt bist du heruntergekommen, Mari, sagte er.

– Ja, das ist jetzt so.

Es klang, als ob ein Widerstand gebrochen war und sie hatte kommen müssen.

Er schaute nach, ob die Lichter im Wohnhaus gelöscht waren. Nein, sie brannten noch. Das Zimmer dort oben segelte dahin wie zuvor. Nur Mari Li war ausgestiegen. Es war nicht für sie.

Er glaubte sie zu verstehen, fragte dennoch:

– Magst du nicht wieder hochgehen? *Hier* gibt es nichts.

Sie antwortete nicht, und er erwartete keine Antwort.

Ihre Nähe tat wohl. Er hätte ihr dafür danken mögen, dass sie sich nicht mehr oben einschloss, sondern herabgekommen war. Hier sollte sie sein, sie auch. Er konnte ihr Gesicht nicht vollkommen deutlich sehen. Er kannte jeden Winkel darin, hätte es jetzt aber gern ganz neu gesehen.

– Das ist jetzt so, sagte sie. Sie ging nicht wieder hinüber.

Niemand ging nach Hause. Sie waren so niedergedrückt, jeder aus seinen eigenen Gründen, dass sie es nicht fertig brachten loszugehen. Die Menge der Erschrockenen und Geschlagenen *sog den Einzelnen an* und hielt ihn fest. Jetzt hatte sie auch Mari Li angezogen. Als hätten sie ohne Worte verabredet, die Nacht durchzuwachen.

– Was hast du zu ihnen gesagt, Karl?

Er antwortete zutiefst verlegen:

– Nichts!, ich habe es nicht fertiggebracht, weder was ich hätte sagen sollen, noch was ich hätte sagen wollen.

Sie ging weiter. Fort. So waren sie beide nun auch allein mit ihren Gedanken. Irgendwo war Rolv. Wo bist du, dem ich mein Herz öffnen und es sauber ausbrennen lassen will? Man lauschte nach Kari Nes. Sie war nicht hier. Eine Stimme war verstummt. Es war schwarze Nacht. Schien immer noch stiller zu werden. Von irgendwoher die Geräusche schlafender Tiere – die wieder eingeschlafen waren, in bodenloser Unschuld.

20

Jeder in seiner Kammer. Alle, die hergekommen waren. So eng sie auch miteinander verbunden waren. Jeder hatte Seins, das kein anderer Mensch zu sehen brauchte – mit dem man aber ins Reine zu kommen hatte, wenn man in den Sog geraten war.

Reste ungeduldigen Wartens. Darauf, dass jemand eingriff und für Klärung sorgte. Die eine lange Stunde nach der anderen verstrich ereignislos. Die Nacht zog ungestört ihre Bahn. Wer unter dem Abgrund lag, hatte dort liegen zu bleiben. Wer so gemacht war, dass nichts ihn berührte, war gegangen.

Die Nacht machte die Gemüter mürbe, nach allem, das geschehen war – und so öffnete sich eine geheime Kammer nach der anderen. *So* bin ich, lasst mich büßen.

So wünschte man sich eine weißglühende Flamme, der man alles Üble überantworten konnte, das man getan hatte. Man musste wohl noch darauf warten. Die Nacht zog langsam durch die Scheune und drückte die Leute weiter nieder. *So* bin ich, und so bin ich. Ich trage *diesen* Abgrund in meiner Stirn, aber ich wollte ihn loswerden!

Alle wussten es: In den Schweinekoben sind Leute. In seiner eigenen Kläglichkeit sah man sie dort im Staub vor sich und öffnete eine weitere heimliche Kammer, so, dass niemand es sah.

Jetzt ist da nichts mehr, soweit ich weiß …

Das Gewicht des Heubodens lastete. Was Haug und Dal jetzt dort noch taten, wusste niemand. Sie waren in die Schar der Namenlosen zurückgesunken. Wollten sich wohl nicht mehr auf Kosten anderer befreien. Dasjenige, das durch die Scheune wehte, trieb so etwas davon. Es galt nicht mehr zu gewinnen, sondern sich selbst bis zum Grunde zu erkennen.

Wo war Rolv? Wo Else? Wo waren Gudrun, Ivar, Jens, alle? Niemand rief nach ihnen, sollten sie sein, wo sie wollten. In ihren Fesseln. Die Nacht war lang, man hatte Zeit, sich selbst gründlich zu erforschen.

Doch die Nacht schritt voran. Die Stunden tickten vorüber. Die Minuten tickten vorüber, kleine, winzig kleine Stiche in die Leber. Sie bildeten sich ein, das Gebäude würde erbeben, so jämmerlich fühlten sie sich. Sie meinten, jetzt würden sie alles sehen, sich zu allem bekennen.

Mit der Zeit wurden es weniger Laternen. Die einen brannten rauchend aus und verloschen von selbst, andere wurden abgenommen und in aller Stille ausgeblasen. Die Leute rechts und links von einem selbst brauchten nicht zu sehen, was man tat und wie man aussah.

Damit verschwand auch die Scheune. Die Lichter hatten sie zu einem Gebäude gemacht. Jetzt versank sie in der Nacht. Verschmolz mit allem anderen Stockdunklen. Kein Licht mehr außer dem aus der Wohnstube. Sie segelte wie zuvor. Einsam, frei und wundersam.

Rolv schrak zusammen bei ein paar schweren Tritten auf dem Holzboden. Kaum zu sagen, wie spät es mittlerweile war. Restlos erschöpft in seiner Machtlosigkeit, fuhr er auf bei dem unerwarteten Geräusch. Ah doch, da sah er durch die Luken einen grauen Schimmer. Die Dämmerung stand kurz bevor. Rolv fasste sich und hörte, dass etwas Großes mit harten Füßen herankam. Es war das Pferd. Jetzt konnte er das Tier im Zwielicht ausmachen. Jens' Braune. Kurz darauf spürte er den Pferdeatem ganz dicht bei sich. Die Braune schnupperte an ihm. Eine harte, freundliche, lebendige Schnauze näherte sich und knabberte an ihm, gefolgt vom Duft grünen Heus und Korns. Warmer Atem ihm entgegen.

Das fühlte sich auf einmal so tröstlich an, es konnte kaum recht sein. Wie eine Erinnerung daran, dass das Leben weitergehen würde und einen mitnehmen wollte. Dann stapfte die Braune weiter und schnoberte verwundert und freundlich an jemand anderem.

Jens musste die Braune rausgelassen haben, wie als Schlusspunkt unter der eigenen Buße. Er hatte in ihr Hilfe gefunden, und jetzt ließ er die Braune aufs Geratewohl raus zu den anderen.

Jens selbst war nicht zu sehen. Aber die Braune stapfte vorbei und erinnerte an den arbeitsreichen Alltag mit knarrenden Karren und Sonne auf altem Zaumzeug. Eigenartig, aber ihr Geruch ließ einen zuallererst an Sonne denken. Es war für sie alle wie eine überirdische Ermunterung zum Durchhalten. Noch einmal. Weil es um einen herum auch weiterging. Schau, da war die Braune.

Sie hatte noch nie so frei herumlaufen dürfen. Also tat sie es mit Lust. Watete durch Heu, trampelte auf Holz. Erkundete freudig jeden Winkel – und überall waren Leute, die aus ihrem Dösen aufschraken und sie segneten.

Der Hahn krähte zum ersten Mal. So hörte man jetzt auch, dass der Morgen kam. Das trug dazu bei, dass man wieder ein wenig Mut fasste.

Sie konnten wieder anders denken. Dieses große Gebäude von Karl Li diente dazu, die Ernte zu bergen. Hierher strömten das fertige Heu und das Korn, draußen strömte die Sonne unermüdlich hernieder und schuf neues Leben. Neue Menschen. Vielleicht auch neues Glück – das war im Moment noch nicht wieder vorstellbar.

Sie glaubten zu hören:

Steh auf von deinem Fall.

Rolv hörte das auch. Steh auf von deinem Fall, Rolv. Es ist noch nicht zu Ende.

Er stand da, voll Müdigkeit und Zweifel.

Die Braune stapfte umher.

Diese Aufmunterung führte dazu, dass Gudrun unvermittelt die Stimme erhob, hier, wo so lange niemand etwas gesagt hatte. Die Schritte der Braunen und wie die Köpfe ringsum sich erhoben, das gab ihr den Mut und den Drang dazu ein. Auf einmal sahen die anderen sie, wie sie in der Dämmerung an ein Fenster trat und klar und ein wenig trotzig sagte – denn es war dann doch nicht ganz einfach, so etwas umgeben von Bekannten zu verkünden:

– Ja, ich kriege ein Kind, so!

Mehr sagte sie nicht. Aber es passte zu dem, was die Leute für sich schon dachten. Sie hatte auch an ihrer Stelle gesprochen. Alle waren dankbar. Gudrun steht auf inmitten der Trümmer, und sie ist schwanger. Wir sind weder niedergedrückt noch elend mehr.

Im Obergeschoss knarrte etwas. Haug und Dal lebten und regten sich. Die Braune stöberte weiter hier rum, neugierig und stillvergnügt machte sie sich mit allem vertraut. Alle Geräusche klangen gut. Nur die Tür zu den Schweinekoben war noch fest verschlossen. Von dort war nichts zu hören.

Es wurde noch heller. Sie konnten zusehen, wie Karl Li die Braune einfing und davonführte. Jetzt trat auch die Scheune aus der Dämmerung und wurde wieder zu einem Gebäude mit scharf umrissenen Konturen.

Karl Li fand Jens im Stall, als er die Braune hineinbrachte. Jens war übernächtigt und still. Jetzt war wohl jeder Raum in ihm für eine Weile gereinigt.

– Ich bringe die Braune.

– Ja, sie ist mir ausgekommen.

Karl ging weiter. Die Dämmerung sickerte wie graue Strahlen durch jede Ritze. Man konnte zusehen. Die Leute kamen müde auf die Beine und traten von einem Fuß auf den anderen. Manche wischten sich Heu und Staub von der Kleidung. Noch wollte niemand mit irgendwem reden. Dennoch hatten sie etwas gemeinsam. Hatten sich selbst gegenüber Rechenschaft abgelegt. Und ein wenig etwas gefunden, woran sie sich bei einer *neuen* mühsamen Wanderung halten konnten.

Karl Li ging an ihnen vorbei und öffnete die Luken zum Schweineauslauf. Grunzen und leises Quieken begrüßten ihn. Auch ein paar elende Menschen standen auf. Grau wie die Dämmerung und der Staub, in dem sie gelegen hatten. Da stand Kari Nes auf! Sie zu sehen war wie ein Schlag. Sie floh, bevor man sie richtig zu Gesicht bekommen hatte. Die anderen standen blinzelnd da. Karl Li wagte sie fast nicht anzusprechen.

– Es ist jetzt Morgen, sagte er.

Ein Stück weiter war der Eber hinter seinen Planken zu erkennen. Die Hauer ragten ihm zwischen den Lefzen hervor, die Furche in seinem Gesicht war dunkel und tief eingekerbt.

Es ist Morgen, sagte Karl Li. Eigentlich klang das wie:

Auf jetzt!, und sie folgten blind. Jetzt hatten sie gewacht und bitter geblutet. Sie gingen durch die Scheune und bemerkten wohl, dass es sich jetzt leichter atmen ließ. Fast schamerfüllt verließen sie das Haus. Auch die anderen schlugen die Augen nieder.

Es wurde so hell, dass die Leute hinausgetrieben wurden. Die Scheune bot ihnen nicht mehr, was sie brauchten. Wie verbraucht und erloschen lag sie da. Einer nach dem anderen kam heraus. Auch Mari Li. Sie ging zu ihrem Mann, sobald sie ihn erblickte. Ein Stück weiter sahen sie Rolv. Er kam ebenfalls heraus.

Niemandem stand der Sinn danach, sich zu unterhalten. Sie gingen nur über das Gras davon. Es regnete nicht. War kühler geworden. Das Meer lag grau da. Haug und Dal kamen die Hochfahrt hinab und verschwanden zwischen den anderen. Morgenwind strich über die Leute. Sie fröstelten. Waren dünn wie Laub. Ein ziemlich gerupfter Haufen. Aber, immerhin, auf den Beinen.

Eine Frauenstimme sagte, an alle gewandt:

– Die Insel ist genauso grün!

Das war wieder Gudrun. Die ein Kind in sich trug. Sie musste feststellen, dass man hier weiterleben konnte.

Ja, sie sah es, die anderen auch, und sie hielten kurz auf ihrem Weg inne, während es in ihnen arbeitete und ihnen Dinge aufgingen. Es war jetzt so hell, dass man alles sah. Die Insel war grün. Karl Lis Obstgarten war genauso reich und freigebig wie zuvor. Nur sie selbst waren bedrückt.

Bis auf den Boden niedergedrückt. Aber jetzt richteten sie sich wieder auf, innerlich gestärkt. Im Staub schien ein Keim verborgen gewesen zu sein. So dass man aufstehen konnte. Mit geklärtem Blick, und man sah, wie ruhig und ungestört Leben und Tod in ihren Bahnen liefen. Bald würde sich die Sonne wieder zeigen, Gras und Laub waren grün. Das war Gottes Gruß an die Verängstigten und Geschundenen.

Sie standen fröstelnd im Wind und sahen, was sie zu tun hatten. Man musste seinen Platz wieder einnehmen und sich dessen gewahr bleiben, was man heute Nacht erfahren hatte. Die Insel ist unser, und sie ist grün.

Jeder ging in seine Richtung. Gudrun irgendwie am befreitesten. Haug und Dal ließen ihre großen Arbeitspranken schwingen. Die Männer von der neuen Rodung gingen dorthin. Die Leute aus den Schweinekoben blickten zu Boden, als schämten sie sich immer noch. Kari Nes war geflohen. Aber sie würde sicher bald wieder auftauchen. Jens stand bei dem alten Brunnen, in dem die Sauen umgekommen waren. Bergit brachte schon warme Milch für ihre Ferkel. Rolv stand still, während Else an ihm vorüberging. Sie sahen einander an. Das war wohl ein Abschied.

Dann drehte Rolv sich wieder zum Meer. Schaute, ob das Boot kam. Das Boot, das ihn holen würde. So früh kam es ganz sicher nicht, aber unwillkürlich spähte man doch nach ihm. Es kam so gewiss, wie die Sonne aufgehen würde. Und wenn schon. Er hatte versucht, sich darauf einzustellen.

Das zauberische Licht oben am Wohnhaus hatte mit Tagesanbruch seine Macht verloren. Jetzt waren da nur noch zwei alte Fenster in einer Fassade. Nichts mehr erinnerte an eine Reise.

Seine Mutter sagte:

– Da stehst du, Rolv.

Er sah seine Mutter und seinen Vater neben sich. Ebenso wortkarg wie die anderen. Aber in ihren übernächtigten Augen sah er Dank. Sie sagten ganz deutlich, es war gut und richtig, dass er lebte. Tote gab es genug.

Jetzt konnte er selbst das auch glauben. So ratlos er im Übrigen war.

Sein Vater fragte:

– Schaust du nach dem Boot?

– Ja.

– Aha. Aber du hast noch genug Zeit, mit reinzukommen.

*

ANHANG

»Ich habe nicht gewusst, dass ich so bin.« Zu Tarjei Vesaas' Roman »Der Keim«

Auf die Frage, warum wir eigentlich lesen, hat es schon unzählige kluge Antworten gegeben, aber die für mich schönste, kürzeste und verblüffendste stammt von dem allerseltsamsten Dichter Jorge Luis Borges, der mit fast achtzig Jahren 1978 in einem Vortrag erklärte, für ihn sei Literatur »eine Form der Freude«; eine Freude, die sich jedes Mal einstelle, wenn wir ohne Mühe lesen: »Wenn wir etwas mit Mühe lesen, so ist der Autor gescheitert.«*

Das ist für Borges das eine (und als Bekenntnis unerhört genug): Ein literarischer Text muss seinen Lesern und Leserinnen mit offenen Armen gegenübertreten, er muss sich als zugänglich erweisen, man könnte sagen: von demokratischer Gesinnung sein, denn nur so können wir anfangen, ihn zu hören. Noch einmal Borges: »Für mich ist das Wichtigste an einem Autor seine Intonation, das Wichtigste an einem Buch die Stimme des Autors, die wir vernehmen können.«**

Ich lasse die Frage unerörtert, ob wirklich jeder Autor eine eigene Stimme, eine spezifische Intonation hat (so fragen, heißt, es bezweifeln), und komme auf meine Freu-

* Jorge Luis Borges: »Das Buch.« In: Jorge Luis Borges, »Die letzte Reise des Odysseus«. Essays, übersetzt von Gisbert Haefs, Frankfurt am Main, 2001^2, S. 20.
** Ebenda.

de mit den Büchern Tarjei Vesaas', die eine der größten meines Leserlebens ist, dank Hinrich Schmidt-Henkel, der deren einige hinreißend frisch und zärtlich übersetzt hat (und hoffentlich weiter übersetzen wird) – darunter die traurig-tröstlichen Romane »Die Vögel« von 1957 und »Das Eis-Schloss« von 1963, mit denen der Autor auch hierzulande neu zu entdecken war.

Worin aber besteht die Freude beim Lesen von Tarjei Vesaas' Romanen, seiner Prosa? In ihrer konzentrierten Kargheit? Ihrer Menschlichkeit? Dass fast alle Protagonisten Versehrte sind, Suchende und manchmal unter großen Mühen auch Findende?

Ja, in all dem.

Und in der Hellsicht und der Unerbittlichkeit des Blicks und dessen Versöhnlichkeit.

Und in den vielen kleinen Details, von denen auch »Der Keim« voll ist. Dass Arbeiter Hände haben, schöner als die von Engeln; dass man Erlebtes wegschweigen kann, dass sich die kleinen Hinterteile von Ferkeln »voller Lebenswonne« ringeln, dass eine Schwangere leuchtet, dass Worte sich über einen legen können und so weiter.

Ich mag die seltsamen Sätze, die Figuren zueinander sagen (»Du schleifst so seltsam die Füße nach. Lass das mal«), die lakonischen Sätze des Erzählers (»Es gab große Unterschiede, wie bedürftig sie waren«), sein Schweigen (denn ein Gutteil des Zaubers von Vesaas' Prosa verdankt sich der Art, was und wie er Dinge verschweigt).

»Der Keim« ist ein Inselroman – und eben darin ein Gesellschaftsroman, dass er auf engstem Raum die Frage verhandelt, ob und wie sich der größte anzunehmende Störfall – der gewaltsame Tod von zwei Menschen – zumindest so weit regulieren lässt, dass er das Zusammenleben der Beteiligten nicht für alle Zeiten ruiniert.

Das ist die Arbeit, die in »Der Keim« beschrieben wird, und sie fällt allen Beteiligten sehr schwer, um am Ende – überraschend genug – erfolgreich zu sein: Das kollektive Desaster wird gezähmt, es verschwindet nicht, scheint für die Zukunft aber handhabbar zu sein.

In Gang gesetzt wird es von zwei Figuren, die auf unterschiedliche Weise problematische Einzelne sind, wobei der eine von außen kommt und der andere ein Bewohner der Insel ist. Ersterer steht für die Nicht-Verbundenheit mit sich selbst und Zweiterer für die Nicht-Verbundenheit mit dem anderen: Der durch ein Explosionsunglück auf dem Festland traumatisierte und »wahnsinnige« Andreas Vest wird zum Mörder von Inga, worauf ihr Bruder Rolv zum Haupttäter in der tödlichen Hetzjagd auf Andreas Vest wird, und dies nicht zufällig, nachdem er sich sehr schnöde von seiner Freundin Else getrennt hat.

Ohne diese beiden Einzelnen, Vereinzelten hätte es das doppelte Mord-Unglück nicht gegeben, sagt der Roman, und illustriert zugleich, dass es »zufällige« Einzelne sind; in der Menge, die sich wie im Rausch und blindlings an der Hetzjagd beteiligt, darf man jederzeit andere Einzelne, Vereinzelte vermuten, die ebenfalls zum Mörder hätten werden können, mit anderen Anlässen unter anderen Umständen.

Und das ist der Grund, warum sie am Ende alle (mit) schuldig sind und von dieser Schuld (mehrheitlich) auch wissen. »Sie sahen sich selbst und fragten: Wer bist du? Und antworteten trotzig: Ich habe nicht gewusst, dass ich so bin. Sie erinnerten sich mit Grausen: Ich habe über ihm gestanden und zugeschlagen.«

Ist das Unglück erst mal komplett aufgebaut, dauert es natürlich, bis es wieder zurückgebaut werden kann – eine Arbeit, die für Vesaas weder der Einzelne noch die Menge zu leisten vermag; Rolv geht nach dem Mord an Vest allen sozialen Kontakten überhaupt aus dem Weg, während die Meute sich einredet, es nicht gewesen zu sein, und Rolv zum Sündenbock macht.

Und tatsächlich sind es Paare, die im Roman die Hoffnungsarbeit leisten: die ansatzweise komödiantisch angelegten Figuren Haug und Dahl halten zur Entlastung ihres schlechten Gewissens bei Andreas Vest die Totenwache und erweisen sich darin als Menschen, obwohl sie ebenfalls Mittäter sind, und die Figur der Gudrun steht schon darum für eine mögliche Zukunft, weil sie schwanger ist.

Die Hauptarbeit leisten jedoch Mari und Karl Li; die Mutter, indem sie die Totenwache bei ihrer Tochter hält und das Zimmer mit unzähligen Kerzen in einen Ort des Lichtes verwandelt; der Vater, indem er seinen Sohn zurück in die Familie holt und dazu beiträgt, dass sich alle an der Hetzjagd Beteiligten in seiner großen roten Scheune versammeln, um dort in tiefster Dunkelheit etwas zu beginnen, was uns Heutigen merkwürdig vorkommen mag, nämlich: Buße zu tun, in aller Stille in sich zu gehen, zu ertragen, dass man schuldig geworden ist und rein gar niemand befugt oder in der Lage ist, einen zu erleichtern oder gar zu erlösen.

Aber nach getaner Buße scheint »das gute Zusammensein mit Menschen als Erwachsene« zumindest wieder denkbar; man kann versuchen, sich wieder dem Leben zuzuwenden, und eben das, scheint mir, ist die Botschaft von Vesaas' Roman – dass das Leben nur die eine Forderung kennt, dass es weitergehen muss. Oder besser: dass es überhaupt nichts fordert, sondern einfach weitergeht. Ohne Trost, ohne göttlichen Beistand, ohne festen Glauben, da die Welt des Glaubens weitgehend in Trümmern liegt und allenfalls eine Randexistenz wie Kari Nes sich noch daran erinnert, dass es mal anders gewesen ist. (Sie ist meine Lieblingsfigur in »Der Keim« – eine irrlichternde Engelsverrücktheit, die den Zweifel mit Zitaten aus der Bibel predigt.)

Nur vom späteren Mörder Andreas Vest heißt es einmal, dass er »zitterte und glaubte«, auf der vergeblichen Suche nach Erlösung, die in Mord und Wahnsinn führt, verzweifelt, von inneren Stimmen belagert und gepeinigt, und zugleich von einer Faszination, dass man als Leser versucht ist, ihn für einen Wiedergänger Jesu zu halten; nicht nur sein Opfer Inga steht »im Bann des eigenartigen Lichtes in seinen Augen«, auch Rolv wundert sich, wie es bloß kommt, dass man ihm nachläuft »wie verzaubert«.

Was man natürlich auch politisch lesen kann, als Kommentar zur Faszination des Bösen im Zeitalter der europäischen Faschismen.

»Der Keim« ist im Herbst 1940 erschienen, etwa ein halbes Jahr nach Beginn der Besatzung durch das nationalsozialistische Deutschland, weshalb er zwar schwerlich als unmittelbare Antwort auf diese für Norwegen (und andere europäische Staaten) traumatische Erfahrung zu lesen ist, aber doch Auskunft über gesellschaftliche Gewaltverhältnisse und ihre mögliche Überwindung beziehungsweise Heilung gibt, vor allem, was das Problem der Kollaboration betrifft, das nach dem Ende von Krieg und Besatzung nicht nur Norwegen beschäftigt hat.

Vesaas' vorausschauende Bilanz ist schon 1940 klar: Der gesellschaftliche Schaden wird enorm sein, und ohne die

Erfahrung von »Zusammenbruch und Reue«, wie sie im Roman die Inselbewohner machen, wird er nicht zu beheben sein, und schon gar nicht allein dadurch, dass (wie im Roman Rolv Li) einige Wenige strafrechtlich belangt werden.

Für uns Heutige ist Hinrich Schmidt-Henkels Neuübersetzung von »Der Keim« jedoch noch aus anderen, nämlich heutigen Gründen eine gute Nachricht. Wenn es auch nur halbwegs zutrifft – und wer wollte daran zweifeln –, dass die Unglückspotenziale derzeit weltweit rasant zunehmen, brauchen wir Stimmen, die uns weder entmutigen noch falsche Hoffnungen machen, sondern zeigen, dass kollektive Lern- und Umkehrprozesse möglich sind, Schwerstarbeit und einzige Hoffnung zugleich.

Jederzeit und überall.

Michael Kumpfmüller, Dezember 2022

TARJEI VESAAS (1897–1970)

BIOGRAFIEN

Tarjei Vesaas (1897–1970) war der älteste Sohn eines Bauern in Vinje/Telemark, dessen Familie seit 300 Jahren in demselben Haus lebte. Vesaas wusste früh, dass er Schriftsteller werden wollte und bereiste in den 1920er und 1930er Jahren Europa. Nach seiner Rückkehr nach Norwegen verweigerte er die traditionsgemäße Übernahme des väterlichen Hofes, 1934 heiratete er die Lyrikerin Halldis Moren und ließ sich bis zu seinem Tod 1970 in der Heimatgemeinde Vinje auf dem unweit des Familiensitzes gelegenen Hof Midtbø nieder. Vesaas verfasste Gedichte, Dramen, Kurzprosa und Romane, die ihm internationalen Ruhm einbrachten. Er schrieb seine Bücher auf Nynorsk, der norwegischen Sprache, die – anders als Bokmål, das »Buch-Norwegisch« – auf westnorwegischen Dialekten basiert. Abseits der Großstädte schuf Vesaas ein dennoch hochmodernes, lyrisch-präzise verknapptes Werk mit rätselhaft-symbolistischen Zügen, für das er mehrmals für den Nobelpreis vorgeschlagen wurde. Als seine Meisterwerke gelten »Das Eis-Schloss«, für das er 1964 den Preis des Nordischen Rats erhielt, und »Die Vögel«, das Karl Ove Knausgård als »besten norwegischen Roman, der je geschrieben wurde« bezeichnete.

Hinrich Schmidt-Henkel, geboren 1959 in Berlin, übersetzt aus dem Französischen, Norwegischen und Italienischen u. a. Henrik Ibsen, Kjell Askildsen, Tomas Espedal, Louis-Ferdinand Céline, Stine Pilgaard, Édouard Louis und Jon Fosse. Für seine Arbeit wurde er vielfach ausgezeichnet, u. a. (gemeinsam mit Frank Heibert) mit dem Straelener Übersetzerpreis der Kunststiftung NRW und 2018 mit dem Königlich Norwegischen Verdienstorden.

Michael Kumpfmüller, geboren 1961 in München, veröffentlichte im Jahr 2000 sein gefeiertes Debüt »Hampels Fluchten«. Sein Roman »Die Herrlichkeit des Lebens« (2011) über das letzte Lebensjahr von Franz Kafka wurde zum Bestseller und von der Kritik hochgelobt. Mittlerweile sind Michael Kumpfmüllers Romane in 24 Sprachen übersetzt worden, zuletzt erschienen »Ach, Virginia« (2020) und »Mischa und der Meister« (2022).

INHALT

DER KEIM

I — 5
II — 111

ANHANG

»ICH HABE NICHT GEWUSST, DASS ICH SO BIN.«
ZU TARJEI VESAAS' ROMAN »DER KEIM«
VON MICHAEL KUMPFMÜLLER — 223
BIOGRAFIEN — 230